Besuchen Sie uns im Internet:

www.glaubenssachen.de

Weitere Bücher von Frank Maibaum:

www.glaubenssachen.de

Liebe wird sein, Liebe, was sonst!

Abschied, Tod und Trauer sind schmerzlich. Heilsam ist es,
dabei dem ewig kleinen Prinzen und der alten weisen Frau zu begegnen.
Man sieht Leben und Tod mit den Augen der Liebe. Die Gedichte und
Geschichten geben Antworten auf Fragen nach dem Jenseits.
Sie trösten und sind gute Grundlagen für Trauerreden.

Ich ruf dir meine Liebe zu …

Einem Verstorbenen würde man oft gern noch etwas sagen, noch
etwas von ihm hören. In heilsamen Tagträumen ist dies möglich.
Die Gedanken, Texte und Gedichte dieses Büchleins drücken aus,
was man als Trauernder noch sagen und hören könnte.
Es sind Worte über die Grenze von Leben und Tod hinweg.

Ja – weil ich dich liebe!

Zahllose Paare haben „Das Traubuch" von Frank Maibaum und
Verena Schmidt zur Planung ihrer Trauzeremonie genutzt.
„Ja – weil ich dich liebe!" enthält die schönsten Lesetexte des Traubuchs
und neue, bisher unveröffentlichte Texte. Das Büchlein ist eine Schatz-
kiste zur Gestaltung standesamtlicher, kirchlicher und freier Trauungen.

Das Traubuch mit Verena Schmidt

Dem Brautpaar werden Ablauf und Bedeutung der christlichen
Hochzeit erklärt. Das Buch zeigt, wie das Paar sowie Freunde und
Verwandte aktiv werden können: Vom Schmücken der Kirche bis
zum Schlusssegen sind viele praktische Gestaltungshilfen enthalten.
Der Anhang bietet Trausprüche aus Bibel und Literatur.

Das Taufbuch

Der praktische Ratgeber für alle, die ihr Kind taufen lassen und die
Feier selbst mitgestalten möchten. Er bezieht sich auf die Taufpraxis
der beiden großen christlicher Konfessionen und bietet Lesetexte
sowie Gestaltungsideen. Der Anhang enthält Taufsprüche, Gedichte,
Geschichten sowie biblische und außerbiblische Texte.

Frank Maibaum

Das Abschiedsbuch

Trost erfahren – Trost spenden

Die Trauerfeier gestalten

J. F. Steinkopf Verlag

FRANK MAIBAUM
war drei Jahrzehnte Pfarrer in Ruhr-
gebiet und Münsterland sowie Autor von
Büchern (u.a. *Traubuch*, *Taufbuch:* S. 2)
und Internetportalen. Er war überdies
viele Jahre Mitglied der Deutschen
Gesellschaft für Verhaltenstherapie
sowie Hochschullehrbeauftragter für
Verhaltensbeobachtung/Gesprächsführung.

5. überarbeitete Auflage 2021

ISBN 978-3-7984-0829-6

Cover: Ruth Freytag, Lüneburg
FSC-zertifiziertes Papier aus verantwortungsvollen Quellen
© J. F. Steinkopf Verlag GmbH, Kiel

INHALT

Eine Trauerfeier hat in der Regel drei Hauptteile:

1) Ankommen und Einstimmung,

2) Erinnerung an die verstorbene Person und Trost,

3) Verabschiedung.

In jedem dieser Hauptteile reihen sich mehrere Elemente aneinander. Dieses Buch gibt einen Überblick über den Ablauf einer Trauerfeier, erklärt die Bedeutung der einzelnen Elemente und hilft, sie angemessen zu gestalten.

Als Geistlicher habe ich besonders die kirchliche und die freie religiöse Bestattung im Blick. Doch auch für eine rein weltliche Beisetzung lassen sich die Anregungen nutzen. In jedem Fall wird die Person, die mit der Leitung der Trauerfeier betraut ist, mit den Hinterbliebenen klären, welches Maß und welche Form der Religiosität dem Verstorbenen und den Abschiednehmenden entspricht.

In erster Linie werden Hinterbliebene das Buch nutzen. Diese möchte ich ermutigen, sich aktiv an Planung und Gestaltung der Bestattung zu beteiligen. Wird der Abschied sorgfältig individuell entfaltet, entsteht eine neue tiefe Verbindung zur verstorbenen Person und unter den Trauernden.

Doch ich habe dieses Buch ebenso für Menschen geschrieben, die ihren eigenen Abschied bedenken. Möchte man den Zurückbleibenden eine Botschaft hinterlassen, findet man hier Vorschläge für Texte, Lieder, Melodien, persönliche Worte und symbolische Handlungen. Die Trauernden werden sich über eine solche „Hinterlassenschaft" freuen. Diese erleichtert ihnen die Planung der Trauerfeierlichkeiten, und der Verstorbene ist dann noch einmal mitten unter denen, die ihm nachblicken. Bedeutsamer noch ist: Mit solchen Texten bleibt den Trauernden eine persönliche Botschaft, die sie über die Grenze von Leben und Tod mit der verstorbenen Person dauerhaft verbindet.   *Frank Maibaum*

Vorüberlegungen

ERDBESTATTUNG
ODER FEUERBESTATTUNG

In Europa ist die Einäscherung Verstorbener die älteste Form der Bestattung. Das belegen uralte Gräber aus vorchristlicher Zeit.

Das Christentum lehnte allerdings die Kremation von Leichen bis in die Neuzeit ab. In katholisch geprägten Regionen sind diese Vorbehalte noch heute deutlich. Einer der Gründe für die ablehnende Haltung ist, dass die Kirchen in der Erdbestattung die größte Ähnlichkeit zum Begräbnis Jesu sehen. Ein weiterer Grund ist die Annahme, man gehe mit dem Körper ins Jenseits ein oder auferstehe mit dem ganzen Körper.

Da die Einäscherung bei uns kirchlich nicht gestattet war, galt sie als „Bestattungsform der Ungläubigen". Die evangelischen Kirchen erlauben die Feuerbestattung seit Beginn des vergangenen Jahrhunderts. Der Vatikan gab sie für die katholische Kirche 1963 frei.

Die Urnenbeisetzung ist also nun bei uns überall kirchlich möglich; und in den meisten Regionen unseres Landes steht die Feuerbestattung bezüglich der Anzahl und der Akzeptanz gleichberechtigt neben der Erdbestattung.

KIRCHLICHE ODER NICHTKIRCHLICHE
(„FREIE") BEGRÄBNISFEIER

Ob ein Mensch kirchlich bestattet wird, hängt in erster Linie davon ab, ob er „Mitglied" (Glied) einer christlichen Kirche war.

Hatte der Verstorbene engen Kontakt zu seiner Kirche, werden die Hinterbliebenen direkt den zuständigen Geistlichen über den Eintritt des Todes informieren und um ein Trauergespräch bitten. Bei besonderer kirchlicher Eingebundenheit werden die Geistlichen oft gebeten, schon die Sterbephase zu begleiten. Für die sterbende Person bietet der Pastor/die Pastorin gegebenenfalls eine Abschiedsandacht im Sterbezimmer mit einer Aussegnung an.

Der Kontakt zur Geistlichkeit kann über das Bestattungsunternehmen hergestellt werden. Der Pfarrer/die Pfarrerin meldet sich dann wegen des Termins für das Trauergespräch bei den Hinterbliebenen.

Grundsätzlich können auch Christen, die keiner Kirche mehr angehören, kirchlich bestattet werden. Theologisch spricht nichts dagegen; denn durch die Taufe wird ein Mensch zum „Glied am Leibe Christi". Dieser Bund mit Gott wird durch einen Kirchenaustritt nicht rückgängig gemacht. Ob in der Kirche oder nicht, ein getaufter Christ bleibt für alle Ewigkeit (auch durch den Tod hindurch) mit Christus verbunden. Doch die christlichen Kirchen möchten niemanden gegen seinen Willen beerdigen. Daher legen sie Wert darauf, dass die verstorbene Person zu Lebzeiten den Wunsch nach kirchlicher Bestattung geäußert hat. Möchten Menschen, die keiner Kirche (mehr) angehören, kirchlich bestattet werden, sollten sie dies frühzeitig kundtun, am besten gegenüber einem Geistlichen der Gemeinde.

Findet für eine Person keine kirchliche Beerdigungsfeier statt, weil der Verstorbene die kirchliche Beerdigung z.B. nicht wollte oder er kein Christ war, kann die Kirche einen Gottesdienst für die trauernden Angehörigen und Hinterbliebenen anbieten. Dies ist eine gottesdienstliche „Trauerfeier anlässlich des Todes einer Person". Es ist nicht die Bestattung, die in diesem Fall in nichtkirchlicher Weise bzw. nach dem Ritus einer anderen Religion begangen wird.

STATIONEN
DER BESTATTUNG

Bezüglich des allgemeinen Ablaufs der Bestattung gibt es drei Grundformen. Sie unterscheiden sich danach, auf wie viele Orte (Stationen) sich die Begräbnisfeier verteilt.

1. Möglichkeit
Trauerfeier an nur einer Station

Bei dieser Form werden an einem Ort alle ausgewählten Texte gelesen, Gebete gesprochen und der Sarg oder die Urne verabschiedet bzw. beigesetzt. Dieser eine Ort (Station) ist entweder nur das Grab, nur die Kirche bzw. Trauerhalle oder nur das Krematorium.

Nur am Grab
Diese Form wird gewählt, wenn lediglich eine Andacht am Grab mit gleichzeitiger Grablegung bzw. Beisetzung der Urne gewünscht ist. Nehmen nur wenige Personen Abschied, ist dieses angemessen.

Nur in der Kirche bzw. Trauerhalle
Diese Form wird gewählt, wenn man lediglich in der Kirche oder Trauerhalle eine Feier zur Verabschiedung des Sarges oder der Urne wünscht. Der Sarg wird dann nach der Andacht zur Kremation abgeholt oder der Sarg bzw. die Urne wird im Anschluss an die Trauerfeier anonym beigesetzt.

Nur im Krematorium
Die eine Station kann das Krematorium sein. Hier nimmt man direkt vor der Einäscherung Abschied. Die Beisetzung der Urne geschieht später ohne Trauerfeier.

2. Möglichkeit
Trauerfeier an zwei Stationen

Bei dieser Form teilt sich die Bestattungsfeier auf zwei Stationen. Eine Station ist die Kirche, Kapelle bzw. Friedhofshalle; die andere ist die Grabstelle. In der Kirche wird ein Gottesdienst oder ein Requiem (mit Eucharistie) gefeiert; am Grab geschieht die Grablegung des Sarges bzw. die Beisetzung der Urne. Die Reihenfolge beider Stationen ist je nach örtlichen Traditionen und räumlichen Gegebenheiten unterschiedlich. Vielerorts wird erst der Trauergottesdienst gehalten, um danach den Sarg zur Grabstelle zu geleiten oder zur Kremation zu verabschieden, wobei die Grablegung dann nach der Einäscherung erfolgt. Doch mancherorts trifft man sich erst im Anschluss an die Grablegung zum Gottesdienst in der Kirche.

3. Möglichkeit
Trauerfeier an drei Stationen

Bei dieser Form verteilen sich die Trauerfeierlichkeiten auf die drei Stationen: Kirche, Trauerhalle und Grabstelle. Die Reihenfolge der drei Stationen unterscheidet sich je nach örtlichen Gegebenheiten. Oft trifft sich die Trauergemeinde zu Begrüßung, Psalm und Gebet an der Friedhofskapelle (erste Station), geleitet den Sarg zum Grab, wo im Rahmen der Beisetzungszeremonie Vertreter von Verbänden und Vereinen einen Nachruf sprechen können (zweite Station), um sich nach der Grablegung zum Requiem in der Kirche zu versammeln (dritte Station).

DAS
TRAUERGESPRÄCH

Als Hinterbliebene verabreden Sie mit dem Leiter bzw. der Leiterin der Trauerfeier den Termin und den Ort für das Trauergespräch. Bei diesem Gespräch geben Sie Einblick in Ihre Gefühle sowie in das Leben des Verstorbenen und die Umstände seines Todes. Zudem lassen Sie sich über den Ablauf der Bestattung informieren, äußern Ihre Wünsche und klären, in welcher Weise Trauergäste sich an der Begräbnisfeier beteiligen können.

Am Tag des Todes können Trauernde sich noch nicht auf ein solches Gespräch einstellen; auch müssen die Wünsche für die Trauerfeier oft erst im Kreis der Hinterbliebenen besprochen werden. Daher findet das Trauergespräch frühestens am Folgetag, besser noch später statt. Der Leiter bzw. die Leiterin der Trauerfeier kommt dazu üblicherweise ins Trauerhaus.

Sollten Sie den Pfarrer bzw. die Pfarrerin direkt am Todestag zu sich bitten, etwa um eine Aussegnung in der Wohnung vorzunehmen, machen Sie trotzdem noch einen zusätzlichen Termin für das Trauergespräch aus; denn einige Fragen und Wünsche werden erst später aufkommen.

Checkliste
für das Trauergespräch

Drei Themenbereiche werden im Trauergespräch zur Sprache kommen. Anhand folgender Liste können Sie sich darauf vorbereiten.

1. Themenbereich des Trauergesprächs
Die Umstände des Todes / die Gefühle der Hinterbliebenen
Sprechen Sie aus, wie Sie sich fühlen, wie Sie den Tod und den Weg dorthin erlebt haben, was Sie zur Zeit bewegt und welche Gedanken Sie über die Zukunft haben. – Ihre Checkliste:

- Welche Worte finden Sie für Ihre Gefühle?
- Was macht Sie besonders traurig?
- Gibt es Aspekte, die besonders bedrückend sind?
- Was empfinden Sie als tröstend?
- Wie gehen Sie mit diesem Verlust um?
- Ging dem Tod eine Krankheitsgeschichte voraus?
- Wie kam es zum Tod?
- Wie verlief das Sterben?

2. Themenbereich des Trauergesprächs
Das Leben des Verstorbenen

Sie legen das Leben des Verstorbenen dar, berichten über Lebensstationen, Wesensmerkmale und persönliche Beziehungen. Dies tun Sie in liebevoller Erinnerung; doch Sie beschränken sich nicht auf die Beschreibung von Erfolgen, positiven Wesenszügen und Lob. Verschweigen Sie nicht schwierige Lebenssituationen, Rückschläge, problematische Wesenszüge und Verhaltensweisen. Ihr Zuhörer hat ein Recht auf ein umfassendes Bild der verstorbenen Person. Nur so kann er sie wirklich würdigen. Berichten Sie vertraulich auch über Stationen im Leben des Verstorbenen, von denen Sie nicht möchten, dass sie in der Ansprache erwähnt werden. – Ihre Checkliste:

- Eltern des Verstorbenen
- Informationen zu den Eltern (Heimat, Beruf)
- Geburtsort
- Wohnorte
- Beziehung zur Heimat
- Schulbildung
- Ausbildung und berufliche Tätigkeiten
- Partner, Ort und Zeit der Eheschließung
- Namen und Alter der Kinder
- Informationen zu den Kindern (Enkel, Ausbildung, Beruf)
- Jubiläen
- Feste, Feierlichkeiten, Urlaube

- Hobbys
- Mitgliedschaft in Vereinen
- Bezeichnende Charakterzüge
- Typische Situationen
- Typische Redewendungen und Aussprüche
- Typische Verhaltensweisen
- Erfolge und Rückschläge
- Gesundheit
- Was soll in der Ansprache jedenfalls erwähnt werden?
- Was soll unerwähnt bleiben?

Es ist sinnvoll, bedeutende Stationen des Lebenslaufs und Informationen, die Ihnen besonders wichtig sind, vorher aufzuschreiben und dem Leiter der Trauerfeier zu übergeben. Während des Trauergesprächs können Sie diese Aufzeichnungen gemeinsam ansehen, Sachverhalte erklären und ergänzen.

3. Themenbereich des Trauergesprächs
Die Gestaltung und Mitgestaltung der Trauerfeier
Lassen Sie sich einen Überblick über den Ablauf der gesamten Bestattungsfeier geben sowie die Bedeutung der einzelnen Stationen und Elemente erklären. Die Kenntnis gibt Ihnen Sicherheit und hilft Ihnen, am Tag der Beisetzung die Inhalte besser wahrzunehmen.

Überlegen Sie, welche Personen sich an der Gestaltung der Trauerfeier aktiv beteiligen können. Werden Kinder unter den Trauergästen sein, so weisen Sie darauf hin. Klären Sie, ob und wie man die Kinder einbeziehen kann und ihnen mit kindgerechten Texten sowie Liedern hilft, das Geschehen zu verstehen. – Ihre Checkliste:

- Wieviele Trauergäste und welche Personengruppen werden anwesend sein?
- Welche Beziehung hatten die Trauergäste zum Verstorbenen?

- Möchten Sie, dass jemand besonders begrüßt wird, etwa die Tante aus Amerika oder die Oma, die trotz ihres Alters dabei ist?
- Gibt es Personen, die aufgrund entfernter Wohnorte oder Krankheit nicht anwesend sein können?
- Wie ist der Ablauf des Trauerfeier?
- Welche Instrumentalmusik soll gespielt werden?
- Wird gemeinsam gesungen?
- Schlagen Sie Lieder (Trauerlieder und Erinnerungslieder) vor?
- Gibt es Texte, die man gemeinsam lesen kann?
- Soll der Taufspruch, Trauspruch oder ein anderer Bibelspruch Verwendung finden?
- Werden Gebete gemeinsam gesprochen?
- Möchten Sie im Fall einer nichtkirchlichen Trauerfeier, dass auch religiöse Texte aufgenommen werden?
- Gibt es Bibeltexte oder Gedichte und Geschichten, die Sie passend finden?
- Welche Personen können sich aktiv an der Gestaltung der Trauerfeier beteiligen?
- Soll ein bestimmtes Symbol eine Rolle spielen?
- Soll eine bestimmte symbolische Handlung durchgeführt werden (Lichter anzünden – Hand auf den Sarg legen – Gegenstand zum Sarg tragen)?
- Haben Sie Vorschläge für die Formulierung der Fürbitten?
- Wer kann sich am Vortragen der Fürbitten beteiligen?
- Werden Kinder anwesend sein?
- Wie können die Kinder berücksichtigt werden?
- Gibt es weitere Vorschläge zur Gestaltung?
- Wie können Gehbehinderte an der Prozession zum Grab beteiligt werden?
- Wird ein Dankopfer (Kollekte) eingesammelt und können Sie die Zweckbestimmung ggf. mit entscheiden?
- Wer trägt den Sarg bzw. die Urne?
- Was geschieht am Grab?
- Möchten Sie etwas Symbolisches mit ins Grab geben?
- Gibt es besondere Umstände, die bedacht werden müssen?

DIE MUSIKALISCHE GESTALTUNG

Musik ist ein bedeutendes Gestaltungselement der Trauerfeier. Sie wirkt beruhigend und tröstend. Sie hilft, dass Gedanken meditativ schweifen können. Die Trauernden können Erinnerungen mit der Musik verbinden und kommen in die Gegenwart zurück, wenn sie endet. Die Klänge verbinden schließlich die Trauernden untereinander und mit der verstorbenen Person.

Instrumentalmusik oder Gesangsstück

Eingeleitet werden sollte die Trauerfeier bzw. Gedenkfeier durch ein Instrumentalstück. Ebenso sollte Instrumentalmusik den Auszug der Trauergemeinde aus der Kirche oder Trauerhalle begleiten. Instrumentale Klänge passen auch ans Ende einer Ansprache; sie ermöglichen den Trauergästen, das Gehörte nachwirken zu lassen.

Lieder haben immer eine Aussage. Sie sind also auch inhaltlich bedeutsam. Daher gehören sie im Verlauf der Feier an eine Stelle, die inhaltlich passt. Das betrifft Gesangsstücke, die vorgetragen bzw. vorgespielt werden, ebenso wie Lieder, die von der Trauergemeinde gemeinsam gesungen werden. Gesangsstücke, die man im Verlauf der Trauerfeier gemeinsam anhört, sind in erster Linie Trauerlieder, Trost- oder Hoffnungslieder. Davon zu unterscheiden sind Erinnerungslieder, die einen direkten Bezug zum Leben des Verstorbenen haben und die Erinnerung an ihn aufleuchten lassen. Erinnerungslieder bedürfen in der Regel einer Hinführung, die den Bezug zum Verstorbenen verständlich macht. Sie haben also im Anschluss an eine Ansprache oder einen Nachruf einen guten Ort.

Die Auswahl
der Musikstücke

Der Abschied von einem Menschen ist traurig, bedrückend, schwer. Dennoch müssen die ausgewählten Musikstücke nicht „schwer" sein, im Gegenteil: Die Musik soll die Bedrückung nicht verstärken, den Abschied nicht erschweren. Sie soll trösten und aufatmen lassen. Für die Verabschiedung eines geliebten Menschen im privaten Kreis empfehle ich in erster Linie leichte, melodiöse Klänge. Sie bringen zum Ausdruck: Wir danken! Wir lieben! Wir hoffen! Wir sagen auf Wiedersehen! „Schwere" Trauermusik (wie ein Trauermarsch) passt zu öffentlichen und politischen Begräbnisfeiern sowie Gedenkveranstaltungen. Solche Kompositionen drücken aus: Wir gedenken! Wir mahnen! Das darf nicht sein! Wir wollen nicht vergessen!

Mit Instrument gespielt
oder vom Tonträger abgespielt

Zur kirchlichen Bestattung erklingt traditionell die Orgel. Sie ist seit dem 16. Jahrhundert das beherrschende Instrument in christlichen Kirchen. Es liegt nahe, dieses Instrument zu nutzen, da es zumeist vorhanden ist. In den Kirchen stehen Orgeln als Pfeifenorgel, in Friedhofskapellen und Trauerhallen oft als Harmonium oder Keyboard. Zudem sind viele der geeigneten Musikstücke speziell für die Orgel geschrieben oder entsprechende Notensätze liegen vor. Welches Instrument erklingt, ist aber abhängig von den Wünschen des Verstorbenen und der Hinterbliebenen sowie von den Möglichkeiten vor Ort.

Es ist am schönsten, wenn eine Komposition live mit einem Musikinstrument gespielt wird. Doch sollte der Einsatz von Tonträgern nicht grundsätzlich ausgeschlossen sein. Manchmal gibt es gute Gründe, Melodien und Lieder von der CD oder einem anderen Speichermedium abzuspielen. Doch gehen Sie damit zurückhaltend um. Durch mehrfaches Abspielen von „Musik aus der Konserve" erhält die Trauerfeier eine zu technische, unpersönliche Atmosphäre und die einzelnen Musikbeiträge verlieren ihr Gewicht. Es sollte im Verlauf der Feier nur ein Musikstück derart eingespielt werden, wobei das Instrumentalstück zu Beginn von dieser Zählung ausgenommen ist.

Gemeinsamer Gesang

Oft möchten Hinterbliebene auf ein gemeinsam zu singendes Lied verzichten. Die Zurückhaltung hat verschiedene Gründe: Man lehnt die traditionellen Trauerlieder ab; man kennt keine zum Begräbnis geeigneten Lieder; man befürchtet, niemand singt mit; man kann sich nicht vorstellen, dass Gesang zu Trauer und Schmerz passt.

Ich empfehle Ihnen: Planen Sie zumindest ein Lied für den gemeinsamen Gesang ein. Es zeigt sich zumeist, dass die Trauergemeinde singfreudiger ist, als vorher vermutet. Die Menschen sind dankbar, sich mit einem Lied aktiv an der Begräbnisfeier beteiligen zu können. So haben sie die Möglichkeit, in der Gemeinschaft der Trauernden die eigenen Gefühle auszudrücken. Ein „Gemeindelied" schließt nicht aus, dass zudem Trauerlieder und Erinnerungslieder vorgesungen oder vom Tonträger abgespielt werden.

Allerdings kann man auch dies erleben: Ein Lied wird zum gemeinsamen Gesang angekündigt, doch niemand singt mit. Das lässt sich vermeiden, wenn folgende vier Punkte beachtet werden:

1. Das im Rahmen einer Beerdigung als Gemeindegesang angebotene Lied muss für den gemeinsamen Gesang geeignet sein. Es gibt Lieder, die sehr schön sind, aber nicht im Chor gesungen werden können. Die Trauergemeinde kann z.B. nicht Herbert Grönemeyers „Der Weg" gemeinsam singen oder das „Ave Maria". Das sind keine „Gemeindelieder", sondern Lieder zum Anhören!

2. Das Lied muss zumindest einen Teil der Trauergesellschaft ansprechen. Sind z.B. nur Menschen anwesend, die keinen Sinn für typische Kirchenlieder haben, darf man von ihnen nicht erwarten, einen klassischen Trauerchoral mitzusingen. Es gibt viele moderne Songs und Spirituals, die sich für die Trauersituation eignen. Andererseits muss man sich nicht grundsätzlich scheuen, religiöse Lieder und bekannte Kirchenlieder auch bei nichtkirchlichen Beerdigungen zu singen.

3. Soll die Trauergemeinde ein Lied singen, muss sie motiviert, aber nicht gedrängt werden. Wenn ein Lied vom Leiter der Bestattungsfeier mit den Worten „Jetzt singen wir!" angekündigt wird, motiviert das nicht. Besser ist: „Wir haben dieses Lied ausgewählt in der Hoffnung, dass Sie dabei mitsingen können", oder: „Singen Sie ruhig laut und kräftig mit", oder: „Verlassen Sie sich beim Singen nicht auf mich hier vorn; gesanglich ist meine Stimme schwach, ich brauche Ihre Unterstützung."

4. Das gemeinsame Singen soll den Anwesenden erleichtert werden. Ein Instrument muss den Gesang gekonnt begleiten. Ist kein Musiker oder kein Instrument vorhanden, kann die Melodie vom Tonträger abgespielt werden. Falls weder der Leiter der Trauerfeier noch der Musiker das Lied anstimmt, sollte vorher eine Person ausgemacht werden, die diese Aufgabe übernimmt. Entscheidet man sich für ein Lied, das nur wenigen bekannt ist, muss es zu Beginn der Trauerfeier kurz gemeinsam eingeübt werden.

Sprechen Sie bei der Auswahl der Lieder aktiv mit! Berücksichtigen Sie auch die traditionellen kirchlichen Trauerlieder. Sie spenden nicht nur gläubigen Menschen und regelmäßigen Kirchgängern Trost und Hoffnung. Doch Sie müssen sich nicht auf Choräle beschränken, die als Trauerlieder bzw. Beerdigungslieder Tradition haben und bekannt sind. Beachten Sie auch neue Lieder und Melodien.

Planen Sie zumindest ein melodiöses, leichtes Lied ein, das Hoffnung und Geborgenheit vermittelt. Auch Liebe und Dank der verstorbenen Person gegenüber können Sie gesanglich ausdrücken.

Der Ablauf einer Trauerfeier
mit Beisetzung

GLOCKENKLANG

Ob Glocken im Rahmen der Bestattungsfeier erklingen, wann sie geläutet werden und welche Glocken zum Einsatz kommen, liegt an den örtlichen Gegebenheiten und ist zumeist in einer „Läuteordnung" der jeweiligen Kirchengemeinde festgelegt.

In der Regel rufen Glocken zum Gottesdienst (z.B. 15 Min. vorher) und läuten ihn ein (direkt zu Beginn). Mancherorts erklingt eine Vaterunserglocke, während die Trauergemeinde das Vaterunser in der Kirche spricht. Oft läuten die Glocken zum Sarggeleit, während der Sarg bzw. die Urne zur letzten Ruhestätte begleitet wird. Ist am Friedhof keine Glocke, läutet häufig die der nahen Gemeindekirche.

ANKOMMEN
STILLES GEBET

In die Trauerkirche bzw. -kapelle ziehen die Trauergäste nicht gemeinsam ein. Ihnen bleibt in der Regel Zeit zur Besinnung, nachdem Sie angekommen sind. Nutzen Sie die Zeit bis zum Beginn der Trauerzeremonie für ein Gebet. Das Stille Gebet als persönliche Einstimmung auf die Trauerfeier lässt Sie zur Ruhe kommen und hilft Ihnen, sich innerlich auf die Abschiedszeremonie einzustellen.

Falls zur Trauerfeier ein Blatt mit Texten zum Mitsingen und Mitsprechen ausgelegt wird, kann unter der Überschrift „Persönliche stille Besinnung" ein solches Gebet oder ein meditativer Text abgedruckt sein.

ERÖFFNUNGSMELODIE

Instrumentalmusik ermöglicht den Gästen, sich auf die Trauerfeier einzustimmen und den eigenen Gedanken, Gefühlen, Erinnerungen freien Lauf zu lassen. Ein Lied – ob vorgetragen oder gemeinsam gesungen – ist hier zu früh, denn es gibt schon Inhalte vor. Ebenso verfrüht wäre hier ein Instrumentalstück, das speziell die Situation des Verstorbenen bzw. einiger Gäste aufgreift. „La Paloma" für den Seemann, „Born to be wild" für den Biker, „Rot, rot, rot sind die Rosen" für den Gartenfreund oder eine andere spezielle Melodie können an späterer Stelle erklingen, nach einer Hinführung, die solches Musikstück einordnen lässt.

Die Eröffnungsmelodie sollte maximal fünf Minuten dauern. Hören Sie Ihre Wunschmelodie also vorher an und entscheiden Sie, an welcher Stelle diese gegebenenfalls ausgeblendet werden kann. Die Eröffnungsmusik kann schon vor dem „offiziellen" Beginn der Trauerfeier einsetzen; entsprechend länger kann das Musikstück sein.

Falls an späterer Stelle ein Lied angehört oder gemeinsam gesungen wird, empfiehlt es sich, die Trauerfeier mit der dazugehörigen Melodie einzuleiten.

ERÖFFNUNGSSPRUCH
GEDICHT

Die Eingangsmelodie hat die Trauergäste in eine ruhige, besinnliche Stimmung geleitet. Folgt nun ein kurzer Text als Übergang zur Begrüßung, so wird diese Atmosphäre nicht zu plötzlich zerstört. Ein Bibelspruch, ein passendes Zitat oder ein Gedicht ist angebracht.

Ich empfehle den Taufspruch, Trauspruch oder einen anderen Vers, der im Leben des Verstorbenen wichtig war. Dieser bewirkt den Trost, dass der darin enthaltene Zuspruch über den Tod hinaus gilt.

BEGRÜSSUNG
LITURGISCHER GRUSS

Die Begrüßung mit wenigen einführenden Worten geschieht durch den Leiter bzw. die Leiterin der Trauerfeier. Dabei werden eventuell die Angehörigen, weitere nahestehende Hinterbliebene und dann Gruppen wie Freunde, Kollegen, Vereinskameraden erwähnt.

Bei der kirchlichen Trauerfeier wird die freie Begrüßung mit einer liturgischen Grußformel verbunden, die von der Gemeinde beantwortet wird. Dieser wechselseitige Gruß lautet z.B.:

Pfarrer*in: „Im Namen des Vaters und des Sohnes
und des Heiligen Geistes."
Alle: „Amen."
Pfarrer*in: „Der Herr sei mit euch."
Alle: „Und mit deinem Geist."

Das „Im Namen des Vaters und des Sohnes und des Heiligen Geistes" erinnert an die Taufe im Namen des Dreieinigen Gottes und betont, dass der Bund, der zwischen dem Verstorbenen und Gott in der Taufe geschlossen wurde, über den Tod hinaus gilt. „Der Herr sei mit euch" ist ein biblischer Gruß, den man beantwortet.

PSALM – GEBET

Im kirchlichen Trauergottesdienst steht hier traditionell ein Psalm. Psalmen sind uralte Texte (weit älter als das Christentum), mit denen Menschen ihre existenziellen Gefühle wie Angst, Schmerz, Trauer, Hoffnung vor Gott ausdrückten. Man spricht mit dem Psalm aus, was man aktuell empfindet, und hört gleichzeitig, was Menschen seit jeher in ähnlichen Situationen fühlen. Im Vergleich zu einem persönlichen Gebet schafft ein Psalm also etwas Distanz zur gegenwärtigen Trauersituation.

Alte Übersetzungen der Psalmen passen durchaus in eine moderne Trauerfeier; doch auch moderne Psalmübertragungen und -meditationen sind angebracht. So sehr sich Psalmtexte dazu eignen, gemeinsam und im Wechsel gelesen zu werden, sollte man die Trauergemeinde zu Beginn der Feier noch nicht aktiv einbeziehen. Die Menschen sind dabei anzukommen, sich einzuhören. An späterer Stelle kann ein Text gemeinsam oder im Wechsel gelesen werden.

Statt eines Psalms oder ihn ergänzend kann ein Eingangsgebet gesprochen werden. Mit diesem Gebet drückt man im Angesicht Gottes aus, warum man da ist (Abschied zu nehmen, zu trauern, zu klagen, zu danken, zu hoffen) und wie man sich fühlt (traurig, elend, verloren, einsam, hilflos). Ein Dankgebet, Bittgebet oder Gebet mit Rückblick auf das Leben des Verstorbenen ist erst im weiteren Verlauf angebracht, nach einer Würdigung des Verstorbenen.

Auch eine nichtkirchliche, „freie" Trauerfeier kann durchaus Gebete und Bibeltexte enthalten. Möchte man jedoch auf religiöse Elemente ganz verzichten, wird hier ein meditativer Text oder ein längeres Gedicht stehen.

TEXTLESUNG

Nach dem Gebet oder Psalm kann ein lyrischer Text oder eine Geschichte gelesen werden. Besonders ansprechend ist es, wenn diese Aufgabe eine Person aus der Trauergemeinde übernimmt.

Die Lesung ist eine gute Gelegenheit, Kinder einzubeziehen. Ob ein Kind ein kurzes Gedicht vorlesen möchte oder eine Geschichte – an dieser Stelle ist beides angebracht.

GEMEINSAMER GESANG
LIEDVORTRAG

Wenn möglich, sollte zumindest an einer Stelle im Verlauf des Trauergottesdienstes gemeinsam ein Lied gesungen werden. Gemeindegesang lässt aufatmen, zeigt, dass man beteiligt ist, und verbindet die Trauernden miteinander.

Alternativ zum Gemeindelied kann an dieser Stelle ein Lied vorgetragen oder vom Tonträger eingespielt werden. Ein solches Lied, das die Trauergemeinde anhört, sollte noch kein „Erinnerungslied" sein, sondern ein allgemeines Trauer-, Trost- oder Hoffnungslied. So haben die Gäste die Möglichkeit, allgemein über Trauer, Abschied, Trost und Hoffnung nachzusinnen. Erinnerungen an vergangene Trauersituationen und Abschiede kommen auf.

Wurde zu Beginn des Trauergottesdienstes die Melodie eines Liedes angehört, kann hier die gesungene Version dieses Liedes folgen.

Folgt der Gesang oder Liedvortrag erst später, kann hier ein Instrumentalstück stehen, das die bisher gehörten Texte nachwirken lässt.

BIBELLESUNG

In einer christlich-religiösen Trauerfeier sollte eine biblische Lesung aus dem Alten oder Neuen Testament nicht fehlen. Der Leiter des Trauergottesdienstes wird auf Textvorschläge der Hinterbliebenen gern eingehen. Wählen Sie dazu aus der Fülle biblischer Texte eine Lesung aus. Beachten Sie auch moderne Übersetzungen, die zumeist besser verständlich sind.

ANSPRACHE

Es ist üblich, dass der Leiter der Trauerfeier eine Rede hält. In dieser Trauerrede wird auf das Leben des Verstorbenen geblickt, und es werden in die Trauer und den Schmerz hinein Worte des Trostes sowie der Hoffnung gesprochen.

Bei einer kirchlichen Trauerfeier wird die Ansprache Bezug nehmen auf einen Bibeltext und diesen mit Erinnerungen an den Verstorbenen und mit seinen Lebensdaten in Verbindung bringen. Als frohe Botschaft wird deutlich, dass der Verstorbene nicht verloren ist, sondern teilhat an Gottes Ewigkeit, da er durch die Taufe untrennbar mit Christus verbunden ist, auch durch den Tod hindurch.

Zumeist ist die Ansprache das längste Element und der Mittelpunkt des Trauergottesdienstes wie auch der „freien" Trauerfeier. Das begründet sich darin, dass man noch einmal in Gedanken bei der verstorbenen Person verweilen möchte, gern zurück blickt und gemeinsam Hoffnung für die Zukunft schöpft.

Durch diese hervorgehobene Bedeutung ist die Ansprache aber auch ein empfindlicher Punkt im Beerdigungsablauf. Einerseits werden oft zu hohe Erwartungen an die Traueransprache bzw. Predigt gestellt. Andererseits kann eine lange Homilie (Auslegung eines Bibeltextes) oder eine Rede, die über die Köpfe der Zuhörer hinweggeht, die ausgewogene Dynamik der gesamten Trauerfeier zerstören. Klären Sie daher schon im Trauergespräch die Erwartungen, die Sie mit der Ansprache verbinden.

Es ist möglich, auf eine „klassische" Traueransprache zu verzichten. Doch dabei besteht die Gefahr, dass die Bestattungsfeier an Aussagekraft verliert. Die anderen Elemente wie Gebete, Texte, Lieder müssen dann so ausgewählt werden, dass sie „für sich sprechen", ohne zusätzliche Worte ihre tröstende Kraft entfalten und ihre Zusammenstellung eine Gesamtaussage ergibt.

REDE VON ANGEHÖRIGEN
NACHRUF

An dieser Stelle oder erst am Grab kann die Trauerrede eines Hinterbliebenen die Ansprache des Leiters der Trauerfeier ergänzen oder ersetzen. Es ist bereichernd, wenn Trauernde derart auf das Leben mit dem Verstorbenen zurückblicken und berichten, wie sie den Verlust empfinden. Manchmal werden Reden erst nach der Trauerfeier beim Beerdigungskaffee im Lokal gehalten. Doch sie gehören durchaus in die Trauerfeier bzw. in den Trauergottesdienst, wo sie eingerahmt sind von Gebeten, Liedern und besinnlichen Texten. Dies gilt ebenso für Nachrufe von Freunden, Kollegen, Vereinskameraden. Die zentrale Trauerrede darf durchaus zehn Minuten dauern; eine ergänzende Ansprache sollte nicht länger als drei bis fünf Minuten sein, vorgetragene Nachrufe und Grußworte noch kürzer.

Lassen Sie sich nicht einreden, Sie müssten die Rede frei, auswendig halten. Machen Sie sich diesen Stress nicht. Gern darf man eine Trauerrede ablesen. Doch bedenken Sie: Eine Rede hat nur Sinn, wenn sie gut gehört und verstanden wird. Lesen Sie also langsam; machen Sie nach einigen Sätzen je eine Pause, damit der Text auf die Hörer wirken kann. Schauen Sie in diesen kleinen Pausen auf und blicken die Zuhörer an. Sprechen Sie deutlich und laut. Sorgen Sie ggf. für eine Verstärkeranlage. Stellen Sie sich vor, Sie sprächen direkt zu den Menschen ganz hinten im Raum, selbst wenn Ihre Worte in erster Linie an die Personen in der ersten Reihe gerichtet sind.

Wenn ein Kind eine kleine Abschiedsrede hält, sollte ihm jemand zur Seite stehen, der es unterstützt, wenn es stockt, der auch wiederholen bzw. zusammenfassen kann, was unverständlich ist.

Beginnen Sie eine Trauerrede direkt ohne Anrede. Eine Anrede wie „Liebe Trauergemeinde" wirkt formell und distanziert. Sie als Redner bzw. Rednerin gehören selbst zur Trauergemeinde, wie Ihre Beziehung zum Verstorbenen auch war.

STILLE – ERINNERUNGSLIED

Es ist gut, wenn Texte und musikalische Beiträge sich abwechseln. Nach einer Ansprache bzw. mehreren Ansprachen sollte ein musikalisches Element folgen. Es ergänzt das Gesagte, vertieft es und schafft Raum, Inhalte nachwirken zu lassen.

Soll ein Erinnerungslied erklingen, ist dafür jetzt nach der Ansprache ein guter Zeitpunkt. Ein Erinnerungslied ist entweder das Lieblingslied des Verstorbenen oder ein Song, den man mit ihm verbindet. Bei der Auswahl dieses Stückes fragt man also nicht nach musikalischer Qualität, religiöser Tiefe oder danach, ob es allgemein in eine Trauerfeier passt. Maßstab ist, inwieweit es die liebevolle Erinnerung an die verstorbene Person wachruft und Nähe zu ihr sowie zwischen den Trauergästen schafft.

Stille kann dem musikalischem Beitrag vorausgehen bzw. ihn ersetzen. In der Stille können die persönlichen Gedanken der Trauernden noch eine Weile beim Verstorbenen verweilen. Zur Stille kann durch einleitende Sätze hingeführt werden. Hier ist ein Beispiel, angeregt durch Martin Luthers Bestattungsliturgie:

„Wen die Verstorbene geliebt hat, der danke ihr dafür in der Stille. Wem sie etwas schuldig geblieben ist an Liebe und guten Worten, der verzeihe ihr nun. Sollte sie jemandem wehgetan haben, möge er ihr vergeben. Wer ihr etwas schuldig geblieben ist an guten Worten und Taten, bitte sie in Gedanken um Verzeihung. Wer ihr kein liebes Wort mehr sagen konnte, tue es nun für sich in Stille."

DANKGEBET

In einem Gebet können die Trauernden zusammenfassend auf glückliche und traurige Stunden zurückblicken und der verstorbenen Person sowie Gott danken. Auch kann man dabei aussprechen, was zu Lebzeiten des Verstorbenen nicht mehr möglich war; man verzeiht und versöhnt sich mit ihm und mit Gott.

LIED – GESANG

Wurde bisher kein Lied gemeinsam gesungen, sollte man es nun tun. Die Geistlichen helfen bei der Auswahl, damit ein Lied gefunden wird, das die meisten Trauergäste mitsingen können. Auch wissen die Pfarrer*innen, wie man zum gemeinsamen Singen motiviert.

FÜRBITTEN

Die Fürbitten können mit dem Dankgebet verbunden werden; dann geht das Dankgebet direkt in die Fürbitten über.

Vor Gott wird ausgesprochen, was man für die verstorbene Person, die Hinterbliebenen, die Trauernden und Menschen in ähnlichen Situationen erbittet. Die Trauernden beten auch für sich selbst und zugleich für Opfer aktueller Katastrophen, Kriege und Gewalttaten.

Fürbitten sollten in keinem Gottesdienst fehlen; denn mit dem Herzen bei denen zu sein, die unser Mitgefühl und unsere guten Gedanken brauchen, ist Kernpunkt christlichen Selbstverständnisses.

Bei nichtreligiösen Bestattungen wird man diese Bitten nicht an Gott richten, sondern allgemein als Wünsche formulieren.

GUTE WÜNSCHE

Möchten die Trauernden der verstorbenen Person ausdrücklich „gute Wünsche" mit auf den Weg geben, können sie das jetzt oder später – direkt vor dem Abschiedssegen bzw. erst am Grab in Form von Segenswünschen – tun.

Die „guten Wünsche" im Rahmen der Beerdigung ähneln den Fürbitten sowie dem Segen. Doch es gibt Unterschiede: Mit den Fürbitten wendet man sich direkt bittend an Gott; mit den Wünschen drückt man allgemein aus, was man für den Verstorbenen erhofft – man gibt ihm die guten Gedanken mit auf den Weg. Den Segen spendet man im Auftrag Gottes und sagt damit: „Gott liebt dich und schenkt dir alles Gute." Die Wünsche spricht man aus dem eignen Herzen und sagt somit: „Ich liebe dich, ich wünsche dir alles Gute."

Die Wünsche werden nicht vom Leiter der Trauerfeier gesprochen, sondern von Hinterbliebenen. Die Sprecher blicken dabei zum Sarg bzw. zur Urne oder zu einem Bild des Verstorbenen.

SYMBOLHANDLUNGEN

Anstelle laut vorgetragener Wünsche (oder ergänzend dazu) können symbolische Handlungen stehen, mit denen man zeichenhaft „gute Wünsche" ausdrückt. So können die Gäste eingeladen werden, laut oder still für sich Wünsche auszusprechen und dabei:

— den Sarg bzw. die Urne zu berühren.
— die Hand segnend über Sarg bzw. Urne zu halten.
— eines der bereitgestellten Teelichter an einer großen Kerze zu entzünden und abzustellen.
— eines der am Sarg stehenden Teelichter mitzunehmen und daheim zu entzünden.
— eine mitgebrachte bzw. bereitliegende Blume abzulegen.
— eine der an der Urne bereitgestellten Blumen mit einem guten Wunsch mit nach Hause zu nehmen.
— ein bereitliegendes Papier in Herz-, Stern- oder Blattform mit einem Wunsch oder beispielsweise einem „Ich vergesse dich nicht" zu beschriften und damit den Sarg zu bedecken.
— „was man gern noch gesagt hätte" auf ein Blatt zu schreiben, in einem Körbchen zu sammeln und die Blätter mit ins Grab zu geben (bei plötzlichem Tod).

- das Blatt eines Baumes auf den Sarg zu legen oder zu kleben.
- ausgeschnittene Sternchen oder Engelchen aufzukleben (beim Tod eines Kindes).
- (für Kinder) ein selbstgemaltes Bild zu bringen.

Die Trauergäste können schon mit der Einladung gebeten werden, je eine Schnittblume mitzubringen. Diese Blumen können als Auftakt zur Trauerfeier oder nach der Begrüßung an den Sarg, die Urne oder ein Bild des Verstorbenen gebracht werden. Dazu stehen Vasen bereit. In der Ansprache kann auf diese Blumen eingegangen werden. Sie sind in ihren vielfältigen Formen und Farben Zeichen der Liebe, ein Strauß guter Wünsche, Ausdruck der vielfältigen Hoffnungen. Eine andere Möglichkeit ist, diese Blumen beim Eintreffen der Gäste zu sammeln und im Mittelgang bereitzustellen, um sie nach der Ansprache einzeln vorzutragen und abzulegen.

ABSCHLUSS

Der Leiter der Trauerfeier spricht abschließende Worte. Falls er sich nun schon von den Trauernden verabschiedet, weil kein Sarggeleit bzw. Urnengeleit zur letzten Ruhestätte stattfindet, gibt er den Trauernden „gute Wünsche" mit auf den Weg.

Mitteilungen und Informationen zum weiteren Verlauf der Beerdigungszeremonie werden hier gegeben. Falls Sie Angehörige zum anschließenden Beerdigungskaffee einladen, den Weg erklären müssen oder darum bitten, nichtmotorisierte Gäste dorthin mitzunehmen, tun Sie das nun; denn nach dem Segen wird nichts mehr gesagt.

AUSSEGNUNG – ABSCHIEDSSEGEN

Die letzten Worte an den Menschen, der uns verlässt, sind Segensworte. Indem wir eine sterbende bzw. gestorbene Person segnen, beenden wir unsere Sorge um sie und geben sie in Gottes Hand.

Die Aussegnung kann schon dem sterbenden Menschen zugesprochen werden wie auch am Sarg, an der Urne oder am Grab der bereits verstorbenen Person. Bei einer kirchlichen Beerdigung spricht der Pfarrer bzw. die Pfarrerin den Abschiedssegen. Angehörige können sich mit Segenswünschen beteiligen. Doch das Segnen ist nicht den Geistlichen vorbehalten; also kann auch bei nichtkirchlichen Beisetzungen der Leiter der Trauerfeier bzw. ein Angehöriger einen Segen sprechen.

Bleibt der Sarg stehen oder wird zur Kremation abgeholt, wird der Verstorbene nun mit einem Segen verabschiedet. Ebenso geschieht es, wenn man sich jetzt von der Urne verabschiedet, weil sie anonym beigesetzt wird. Der in den Gottesdienstbüchern vorgeschlagene biblische Abschiedssegen lautet: „Der Herr behüte deinen Ausgang und Eingang von nun an bis in Ewigkeit!" (Psalm 121,8)

Aus dem 8. Jh. ist folgender Valetsegen überliefert. Dieser wurde im Mittelalter Sterbenden am Sterbebett in Latein zugesprochen wie auch Verstorbenen am offenen Grab. Valet ist ein altes Wort für Abschiedsgruß. „Es möge dir gutgehen" kann man übersetzen.

> „Es segne dich Gott, der Vater,
> der dich nach seinem Bild geschaffen hat.
> Es segne dich Gott, der Sohn,
> der dich durch sein Leiden und Sterben erlöst hat.
> Es segne dich Gott, der Heilige Geist,
> der dich zum Leben gerufen und geheiligt hat.
> Gott, der Vater und der Sohn und der Heilige Geist,
> geleite dich durch das Dunkel des Todes.
> Er sei dir gnädig im Gericht
> und gebe dir Frieden und ewiges Leben.
> Amen."

Eine eigene Abschiedsformulierung, gesprochen durch Hinterbliebene, kann vor einem traditionellen Text stehen oder diesen ggf. ersetzen. Hier ein Beispieltext:

„Gott öffne dir die Tür und lade dich ein.
Er breite seine Arme aus und rufe:
'Komm wieder, Menschenkind!'
Er rufe dich beim Namen, dass du dich zu Hause fühlst.
Er umarme dich und schenke dir ewige Geborgenheit.
Er reiche dir die Hand und vergebe dir alle Schuld.
Er führe dich ins Land des ewigen Friedens."

Zu solchem Text kann die Hand segnend erhoben und abschließend ein Kreuz „gezeichnet" werden. Jedenfalls werden die Abschiedsworte mit Blick zum Verstorbenen (Sarg, Urne oder Bild) gesprochen. Wurden vorher schon „gute Wünsche" gesprochen, sollten eigene Abschiedsworte an dieser Stelle kurz sein bzw. entfallen.

SENDUNG
SCHLUSSSEGEN

Nach dem Abschied von der verstorbenen Person wird die Trauergemeinde mit dem Segen entlassen. In der katholischen Kirche wird vornehmlich der trinitarische Segen gesprochen. Die Silbe „tri" bedeutet „drei". Dieser Segen heißt so, weil er die Dreifaltigkeit betont, Vater, Sohn und Heiliger Geist:

„Es segne und behüte dich der allmächtige und barmherzige Gott, der Vater, der Sohn und der Heilige Geist. Amen."

In der evangelischen Kirche hat der Aaronitische Segen als gottesdienstlicher Schlusssegen Tradition. Der Mosebruder Aaron erhielt ihn direkt von Gott, damit er (und die nachfolgenden Priester) das Volk so segne. Er heißt daher auch „Priesterlicher Segen":

„Der Herr segne dich und behüte dich; der Herr lasse sein Angesicht leuchten über dir und sei dir gnädig; der Herr hebe sein Angesicht über dich und gebe dir Frieden." (4. Mose 6,24-26)

Trauergäste können die Segensformel der Geistlichen durch einen Sendungstext einleiten. „Segensgedichte" und lyrische Segensformulierungen – wie wir sie als irische Reisesegen kennen – haben an dieser Stelle einen guten Platz. Bei nichtkirchlichen Beerdigungen werden sie den Segen ersetzen.

Hier ein Beispiel; weitere folgen im Textteil:

> „Der Segen Gottes falle auf dich wie Regen, der das trockene Land befeuchtet. / Der Segen Gottes falle auf dich wie Blätter im Herbst (wie Schnee) und decke barmherzig zu, was verletzt ist und Zeit zum Heilen braucht. / Der Segen unseres Gottes falle auf dich wie Samen, den ein Bauer ausstreut, damit das karge Land gute Früchte trägt. / Der Segen unseres Gottes falle auf dich wie sanftes Licht, das dem Suchenden einen Weg zeigt. (So segne und behüte dich der gnädige und barmherzige Gott, der Vater, der Sohn und der Heilige Geist. Amen.)"

Begleitet die Trauergemeinde den Sarg bzw. die Urne zur letzten Ruhestätte, so ist es sinnvoll, die Sendungs- und Segensworte erst abschließend am Grab zu sprechen.

AUSZUG – INSTRUMENTALSTÜCK

Nach der Trauerfeier wird der Sarg bzw. die Urne hinausgetragen und die Trauergemeinde folgt. Verbleibt der Sarg oder die Urne, um später zur Kremation oder zur anonymen Beisetzung abgeholt zu werden, so verlassen die Trauergäste nach und nach den Trauersaal. Zum Verlassen der Trauerhalle erklingt passende Musik.

Ist der Auszug Auftakt einer gemeinsamen, feierlichen Prozession zum Grab, sollte langsame Musik gespielt werden, die ein Sarggeleit (Urnengeleit) gemessenen, feierlichen Schrittes unterstützt. Diese Aufgabe erfüllt ein typischer Trauermarsch (auch Beerdigungsmarsch, veraltet Totenmarsch genannt), der musikalisch den Trauerzug zum Grab nachempfindet. Trauermärsche sind Kompositionen, die geschrieben wurden, den Kondukt (die feierliche Begleitung des Leichnams zur letzten Ruhestätte) musikalisch zu begleiten. Der pathetisch-bedrückende bis düster-schleppende Ausdruck vieler Trauermärsche lässt aber ein Gefühl von Dank und Hoffnung kaum aufkommen. So schwere, düstere, klagende Klänge empfehle ich für öffentliche Gedenkveranstaltungen, „Staatsbegräbnisse" und Traueranlässe nach Katastrophen, Unfällen oder Gewalttaten. Für die private Trauerfeier sollten Sie leichte Klänge wählen, die dennoch das gemeinsame, feierliche Schreiten unterstützen.

Lassen die Trauergäste den Sarg zurück, weil dieser erst später abgeholt wird, sollte die Musik jedenfalls tröstenden, hoffnungsvollen Charakter haben. Bei melodiösen Klängen kann jeder Gast noch verweilen und sich persönlich verabschieden.

Ob die Gäste nacheinander den Saal verlassen oder gemeinsam in einer Art Prozession, es entsteht Bewegung. Dazu passt es nicht, Gesang vortragen zu lassen. Sologesang soll bewusst gehört werden; dafür verweilt man. Texte wurden zudem in der Feier ausreichend gehört, dem sollte auch gesanglich nichts hinzugefügt werden. Möchte man trotzdem noch einen Gesangsbeitrag einfügen, sollte er ins Instrumentale übergehen. Dann bleiben die Trauergäste zunächst noch stehen, den Gesang still anhörend, um sich erst am Ende des Gesangsvortrags in Bewegung zu setzen.

KOLLEKTE

Mancherorts ist es üblich, am Ausgang der Kirche bzw. Trauerhalle eine Kollekte (finanzielles Dankopfer) zu erbitten. Darauf sollte man verzichten, wenn gemeinsam ausgezogen wird, denn die Geldsammlung stört die Auszugsprozession. In dem Fall kann die Sammlung im Verlauf des Gottesdienstes stattfinden.

Klären Sie als Hinterbliebene schon im Trauergespräch, ob und für welchen Zweck gesammelt wird. Falls ein gedrucktes Programm mit Texten ausgelegt wird, so weisen Sie darin auf Zeitpunkt und Zweck der Sammlung hin. In manchen Kirchengemeinden ist der Kollektenzweck vorgegeben. Wenn Sie ihn bestimmen können, ist es sinnvoll, dass eine Person aus dem Trauerkreis vor dem Segen (im Rahmen der Abschlussbemerkungen) bekannt gibt, wofür man sammelt, welche Organisation oder Person die Geldsumme erhalten wird.

SARGGELEIT
URNENGELEIT

Je nach Form der Bestattung und örtlichen Gegebenheiten setzt sich der Trauerzug in der Kirche, in der Trauerhalle oder vor der Trauerhalle bzw. am Friedhofseingang in Bewegung.

Schließt sich die Grablegung nahtlos an die Trauerfeier an, geleitet die Trauergemeinde nun den Sarg oder die Urne direkt zur letzten Ruhestätte. Findet die Trauerfeier in einer Kirche statt, die nicht direkt am Friedhof liegt, wird man sich zum Friedhof begeben und dort zum Sarggeleit erneut versammeln. Ebenso trifft man sich auf dem Friedhof, wenn ein Trauergottesdienst bereits vor einer Kremation stattfand und nun die Urne beigesetzt wird.

Auf dem Friedhof sollte die verstorbene Person jedenfalls noch eine gewisse Wegstrecke begleitet werden. Auch bei einer anonymen Beisetzung muss dieses letzte Geleit nicht ausfallen. In dem Fall geht man ein Stück des Weges „mit dem Verstorbenen", bis er von da aus weiter zur letzten Ruhestätte oder zur Kremation gebracht wird.

Frei gesprochene Worte können zum Sarggeleit/Urnengeleit einladen. Gut, wenn diese Einführung durch Hinterbliebene geschieht. Sie kann so lauten:

„Wir alle sind mit unserer verstorbenen Mutter Wege auf dieser Welt gegangen. Manche von uns gingen mit ihr kurze Strecken, andere waren weite Strecken an ihrer Seite. Wieder andere gingen immer wieder mal ein Stück mit ihr. Wenige teilten den ganzen Lebensweg mit ihr bis zum heutigen Tag. Nun gehen wir den letzten Weg mit ihr. Wir begleiten sie gemeinsam, um ihr nachzublicken, wenn sie vorausgeht in eine neue Welt, in ihre ewige Heimat."

Regionale, konfessionelle und persönliche Unterschiede bestimmen die konkrete Form des Trauerzuges: Vielerorts geht ein Friedhofsangestellter oder der Bestatter voraus, um den Weg zur Grabstelle zu zeigen. Ein Kreuz wird dem Trauerzug oft vorangetragen. Der Pfarrer bzw. die Pfarrerin geht direkt vor oder hinter dem Sarg. Gehen Geistliche voraus, bedeutet dies symbolisch, dass sie dem Verstorbenen den Weg weisen. Folgen sie dem Sarg unmittelbar vor den Trauernden, drückt dies aus, dass sie den Verstorbenen aus der Hand der Hinterbliebenen nehmen und ihn in Gottes Hand geben.

Die Trauergäste folgen schweigend oder tauschen noch leise mit ihren Nachbarn Erinnerungen an den Verstorbenen aus.

Wenn Sie mögen, dass auf dem Weg gemeinsam ein Liedvers gesungen wird, ist dies ein ansprechendes, tröstendes Element. Die Melodie muss bekannt oder einfach sein, da man ohne instrumentale Begleitung singt, und der Text ein kurzer Vers, da man kein Liedblatt bei sich trägt. Der Rhythmus muss zum gemeinsamen Gehen passen. Ich empfehle „Herr, erbarme dich", „Kyrie eleison" oder Kanons wie „Gottes Wort ist wie Licht in der Welt", „Der Himmel geht über allen auf", „Herr, gib uns deinen Frieden".

Begleitet Glockenklang den Trauerzug, folgt man schweigend in stillem Gebet, denn die Glocken rufen zu Gotteslob und Gedenken.

Wer die Urne bzw. den Sarg trägt und den Bahrwagen schiebt, wird mit dem Bestattungsunternehmen abgesprochen. Die Urne wird oft von nahen Angehörigen getragen. Ich habe mehrfach erlebt, dass beim Urnenträger bzw. der Urnenträgerin die Kräfte versagten und jemand zur Hilfe eilen musste. Diese „Aufregung" kann man vermeiden, wenn gleich eine Begleitung an der Seite mitgeht.

Schon bei der Planung der Trauerfeier wurde geklärt, wie lang der Weg zur Grabstelle ist und ob man diesen gehbehinderten Menschen ggf. erleichtern muss. Die Person, die den Trauerzug anführt, sollte vorher informiert werden, wenn Personen der Weg voraussichtlich schwerfallen wird. Lange Wege sollten durch kurze Pausen unterbrochen werden. Benötigte Rollstühle werden vom Bestatter besorgt oder gehören zur Ausstattung des Friedhofs.

AM GRAB

Auf die Zeremonie am Grab wird hier nur kurz eingegangen, in der Annahme, dass vorher oder nachher eine Trauerfeier in der Trauerhalle oder Kirche stattfindet. Ist das Grab die einzige „Abschiedsstation" oder konnte in der Trauerhalle nur eine kurze Andacht stattfinden, so können am Grab weitere Elemente einfließen wie Begrüßung, Psalmlesung, Ansprache, Fürbitten.

Als Hinterbliebene erkundigen Sie sich beim Trauergespräch, inwieweit Trauergäste sich an der Zeremonie am Grab aktiv beteiligen können. Im zweiten Teil dieses Buches finden Sie entsprechende Textvorlagen zur Grablegung, zum Erdwurf und zum Segen.

Bei einer religiösen Beisetzung wird der Leiter/die Leiterin ein Gebet sprechen, sobald der Trauerzug die Grabstelle erreicht hat, und persönliche Worte anfügen wie:

„Voll Trauer stehen wir an diesem Grab. Es ist für uns Ausdruck der Vergänglichkeit irdischen Lebens. Aber durch Jesus Christus ist es auch zum Zeichen der Hoffnung geworden. So verbindet sich der Abschiedsschmerz mit der Hoffnung auf eine ewige Heimat, die Gott unserer lieben Verstorbenen schenkt."

Bei nichtreligiöser Grablegung wird ein weltlicher Text gelesen.

Grablegung mit Abschiedssegen

Bevor der Sarg bzw. die Urne in die Erde gesenkt wird, liest der Geistliche z.B. einen dieser Bibelverse:

„Jesus Christus spricht: Ich bin die Auferstehung und das Leben. Wer an mich glaubt, der wird leben, und wenn er auch stirbt. Wer lebt und an mich glaubt, der hat das ewige Leben."
(Johannes 11,25f.)

„Der allmächtige Gott, der dich geschaffen hat, ruft: 'Fürchte dich nicht, denn ich habe dich erlöst; ich habe dich beim Namen gerufen, du bist mein!'" (Jesaja 43,1)

Ein Text kann sich anschließen oder den Bibeltext ersetzen:

„Wir lassen dich nun los.
In die ewige Heimat mögen Engel dich geleiten;
die Chöre der Engel mögen dich empfangen,
und Gott möge seine Arme weit ausbreiten,
dich bei deinem Namen nennen und dir zurufen:
'Komm wieder, Menschenkind!'
Wir lassen dich nun los."

Das Einsenken von Sarg bzw. Urne begleiten die Trauergäste in stiller Andacht oder mit einem Liedvers. Für das gemeinsame Singen gilt, was weiter oben zum Gesang auf dem Weg zum Grab steht.

Erdwurf – Blumenwurf

Nach der Einsenkung wirft der/die Pfarrer*in dreimal Erde auf den Sarg bzw. die Urne und spricht einen der Sätze: „Von Erde bist du genommen; zu Erde wirst du wieder werden. Gott selbst wird dich auferwecken am Jüngsten Tag. / Aus Erde bist du genommen, der Erde geben wir dich zurück. Dein Gott wird dich rufen zu neuem Leben. / Erde zu Erde, Asche zu Asche, Staub zu Staub."

Als Abschluss der Zeremonie treten auch die Trauernden ans Grab und werfen Erde. So wird ausgedrückt:

> „Die Erde ist wie ein Mutterschoß, aus dem alles Leben entspringt. Sie ist die Heimat. Du bist an deinem Ursprung angekommen, auf dem Weg zurück in die Heimat. Mit dem Werfen der Erde erweise ich dir einen Liebesdienst: Ich decke dich zu, bedecke dich mit der Kraft des Lebens. Ich bedecke dich, wie ein Samenkorn mit Erde bedeckt werden muss, damit es aufgehen kann. So verhelfe die Erde auch dir zu neuem Leben. Ich beginne, symbolisch das Grab zu schließen. Sei geborgen in deiner neuen, alten, ewigen Heimat."

Wie jede Zeichenhandlung kann auch der Erdwurf still geschehen. Man muss dazu nichts sagen, solche Handlungen sprechen für sich; ihr Symbolgehalt ist so elementar, dass jeder Mensch sie ohne erklärende Worte verstehen kann. Doch gern darf man einen Text damit verbinden, der dieser Handlung ein besonderes Gewicht gibt, wie das folgende Beispiel zum dreimaligen Erdwurf zeigt:

> „Mit diesem Erdwurf sagen wir:
> Nun geh, wir halten dich nicht mehr.
> Doch reichen dir die Hand
> für ein Auf Wiedersehen.

Mit diesem Erdwurf vertreiben wir Dunkles,
verliert Ungelöstes seine Wichtigkeit,
decken wir die Fragen zu,
auf die niemand eine Antwort weiß.

Mit diesem Erdwurf klingt ein Danke über das Feld,
steigen schöne Erinnerungen aus der Tiefe,
ist der Grund gelegt,
auf dem Neues wachsen kann."

Das Geräusch, wenn Erde auf den Sarg fällt, empfinden Trauernde
oft als hart. Es verdeutlicht schmerzhaft den endgültigen Abschied.
Daher steht bei vielen Trauerfeiern ein Körbchen mit Blumenblät-
tern bereit, die man statt der Erde wirft. Ich empfehle den Blumen-
wurf aber nur als zusätzliche Zeichenhandlung, denn die Symbol-
kraft der Erde ist nicht zu übertreffen.

Blumen, Blumenblätter, Blumensträußchen ins Grab geworfen drücken aus:

„Ich habe dir Blumen mitgebracht. Ich schenke sie dir
als Zeichen, dass ich mit meinem Herzen bei dir bin.
Ich streue sie dir auf den Weg, dass du auf Blumen gehst
in einen neuen Abschnitt deines Seins. Sie sind ebenso ein Willkommensgruß zum Einzug in eine neue Welt.
So mögen Blumen dich bedecken und sein wie ein blü-
hender Paradiesgarten, aus dem die Menschen einst kamen. Da mögest du dich wiederfinden. Du bist daheim."

Segen – Sendungstext

Zunächst wird die verstorbene Person mit einem Segen verabschiedet. Statt einer traditionellen Segensformel oder ergänzend kann
ein Text wie folgender gesprochen werden. Dies kann von einer
Person aus der Trauergemeinde übernommen werden:

„So geh nun deinen Weg.
Du gehst ihn scheinbar ganz allein.
Doch wirst du unsere Liebe spüren,
die bei dir ist, wohin dein Weg auch führt.
Auch Gottes Engel werden dich begleiten.
So geh nun deinen Weg.
Du gehst ihn, doch nicht ganz allein."

Dann wird die Trauergemeinde mit einem Segen zurück in den „Alltag" geschickt. Zum abschließenden Segen für den Verstorbenen und die Trauergäste gilt, was oben ausgeführt ist unter AUSSEGNUNG – ABSCHIEDSSEGEN sowie SENDUNG – SCHLUSSSEGEN.

GELEIT UND GRABLEGUNG
ALS EIGENE ANDACHT

Der Weg zum Grab und die Beisetzung können zur eigenständigen Andacht ausgeformt werden. Das bietet sich an, wenn keine Trauerfeier stattfindet und die Bestattungsfeierlichkeit sich auf die Grablegung beschränkt. In manchen Großstädten kann die Friedhofskapelle nur Minuten in Anspruch genommen werden, eine ausführliche Andacht ist unmöglich. Auch in dem Fall bietet sich an, den Weg zum Grab mit Elementen anzureichern, die eine Andacht ausmachen.

Das Geleit des Sarges bzw. der Urne zum Grab kann mehrere Stationen enthalten, an denen man innehält, um z.B. ein Gebet zu sprechen, einen Psalm zu hören, einen Liedvers zu singen. Weitere Elemente wie Ansprache, Nachruf, Grußwort, Fürbitten können die Zeremonie am Grab bereichern.

Auch „gute Wünsche" können noch am Grab ausgesprochen werden; und eine Symbolhandlung (Berühren des Sarges, Entzünden eines Lichts, Ablegen einer Blume) hat hier einen geeigneten Platz.

Texte – Musik – Lieder

INSTRUMENTALMUSIK UND ARIEN

Zur Eröffnung der Trauerfeier eignen sich Instrumentalstücke besonders. Ebenso kann Instrumentalmusik den Auszug der Trauergemeinde aus der Trauerhalle begleiten. Instrumentale Klänge passen auch ans Ende einer Ansprache; sie ermöglichen den Trauergästen, das Gehörte nachwirken zu lassen. Gesangsstücke, bei denen besonders auf den Text geachtet werden soll, sind an diesen Stellen nicht zu empfehlen. Zu Beginn möchten die Gedanken der Anwesenden noch „schweifen" und nicht vom Text geleitet werden; beim Auszug entsteht Bewegung, zu der ein konzentriertes Zuhören nicht passt.

Das Internet macht es möglich, dass Sie nahezu alle in Betracht kommenden Musikstücke vorher anhören können. Damit Sie nicht lange suchen müssen, nenne ich Ihnen in Klammern – *kursiv* – jeweils die Suchbegriffe, mit denen Sie besonders geeignete Interpretationen schnell finden. Setzen Sie sich am besten mit diesem Buch an den Computer, gehen auf *YouTube* und geben dort ins Suchfeld den Text aus einer Klammer ein.

Instrumentalversionen bekannter Lieder

„Over the rainbow" – Instrumentalfassungen dieses Evergreens finden Sie in vielen Versionen, gespielt auf unterschiedlichen Instrumenten. *(Somewhere over the Rainbow – Instrumental + Lyrics)*

„Morning has broken" – Auch zu diesem Lied, das Cat Stevens 1971 erstmals veröffentlichte, gibt es Instrumentalversionen. *(Morning has broken – Instrumental flute)*

„Time to say goodbye" – Wunderschön ist dieses Lied, von Sarah Brightman und Andrea Bocelli im Duett gesungen. Doch für die Einstimmung (in die Beerdigungsfeier) eignet sich die reine Melodie besonders. *(Time to say goodbye – Instrumental on Piano)*

„Candle in the Wind" – An späterer Stelle des Trauergottesdienstes (z.B. nach der Ansprache) können Sie dieses Lied einspielen, wie es zur Beerdigung von Prinzessin Diana von Elton John gesungen wurde. Zur Einstimmung in die Trauerfeier ist die Melodie ohne Text angemessen. *(Candle in the Wind – Elton John, Piano)*

„Amazing Grace" – Das international bekannteste und meistgespielte Kirchenlied. *(Amazing Grace – Instrumental with Lyrics)*

„Möge die Straße uns zusammenführen … und bis wir uns wiedersehen, halte Gott dich fest in seiner Hand" – Mit dem Text eines alten irischen Reisesegens passt es zu Abschied und Trauer. Wenn Sie es in der Trauerfeier gemeinsam singen, vorsingen lassen oder nur den Text vorlesen, kann hier zu Beginn schon die Melodie erklingen. *(Möge die Straße, Irischer Segen – Klaviersolo)*

Auf der Suche nach Instrumentaltiteln beachten Sie auch das Kapitel LIEDER. Die Instrumentalversionen der Stücke dort sind ebenso geeignet.

Klassische Musikstücke mit tröstender Melodie

„Air" von Johann Sebastian Bach – Der 2. Satz der Orchestersuite Nr. 3 D-Dur, ein sehr bekanntes, oft gewünschtes Stück, besinnlich, aber nicht bedrückend. Hören Sie die Melodie auf der Querflöte gespielt mit Orgel und Flöte sowie mit Konzertgitarre. *(Flute + Organ/Orgel Air Suite) & (JS Bach: Air Classical guitar)*

„Largo ma non tanto" von J. S. Bach – „Largo" = „langsam", „ma non tanto" = „nicht so sehr". Also nicht sehr langsam ist dieser 2. Satz des Konzerts für Violinen, Streicher, Basso continuo. Die Melodie ist leicht und tröstend. *(JS Bach – Largo ma non tanto)*

„Jesus bleibet meine Freude" – Dies ist der Schlusschoral der zweiten Bachkantate „Herz und Mund und Tat und Leben". *(Bach – BWV 147 – 7 – Jesus bleibet meine Freude)*

„Morgenstimmung" von Edvard Grieg – Es sind aufmunternde Klänge dieses norwegischen Komponisten des 19. Jahrhunderts. *(Edvard Grieg – Morgenstimmung)*

„Largo" von Georg Friedrich Händel – Dies ist eigentlich eine Arie aus der Oper Xerxes; die Instrumentalversion ist für die Eröffnung von Trauerfeiern bekannt und beliebt. *(Georg Friedrich Händel – Xerxes Largo)*

Kompositionen mit schwerem, klagendem Charakter

Diese Stücke eignen sich eher für öffentliche Trauerfeiern und Gedenkfeiern, um z.B. die Opfer von Katastrophen und Anschlägen zu ehren. Ideal sind sie für politische Anlässe wie Staatsbegräbnisse.

„Adagio for Strings" von Samuel Barber – Samuel Barber ist bei uns nur Musikfachleuten ein Begriff. Doch „Adagio for Strings", seine Komposition für Streichinstrumente, wurde durch Gedenkfeiern zum 11. September auch bei uns als Trauermelodie bekannt. *(Samuel Barber – Adagio for Strings, op. 11)*

„Im Abendrot" von Richard Strauss – 1948 komponierte Strauss den Zyklus „Vier letzte Lieder" als Auseinandersetzung mit Tod und Abschied. Er schrieb ihn unter dem Eindruck des 2. Weltkrieges und auch mit Blick auf seinen eigenen nahenden Tod. Das vierte Lied ist die Vertonung eines Gedichts von Joseph v. Eichendorff. *(Lucia Popp – Strauss' Vier letzte Lieder – Im Abendrot)*

„Isoldes Liebestod" von Richard Wagner – Isoldes Gesang als Schluss der Oper „Tristan und Isolde" begleitet den Tod der Liebenden. *(Wagner/Liszt – Isoldes Liebestod aus „Tristan und Isolde")*

Musikstücke zum Abschluss und Auszug

Die zum Auszug gespielten Kompositionen dürfen nicht kurz sein: um weiterzuklingen, wenn alle den Raum verlassen haben. Meine Vorschläge hier und im folgenden Abschnitt *Trauermärsche* erfüllen diese Anforderung. Auch die meisten Instrumentalstücke, die ich zur Eröffnung empfehle, sind für den Auszug geeignet.

„Mondscheinsonate" von Ludwig van Beethoven – „Mondscheinsonate" ist der populäre Name dieser Klaviersonate. Beethoven komponierte die Trauermusik 1801. Die korrekte Bezeichnung ist: „1. Satz der Klaviersonate Nr. 14 op. 27 Nr. 2 in Cis-Moll". *(Ludwig van Beethoven – Mondscheinsonate 1. Satz)*

„Kanon in D-Dur" von Johann Pachelbel – Das populärste Werk des Nürnberger Barockkomponisten Pachelbel (1653-1706). Er schrieb es für Orgel und Kammerorchester. Beliebt ist diese Komposition insbesondere wegen der einfachen, Ruhe ausstrahlenden Harmonik. *(Johann Pachelbel – Canon in D Piano Version)*

„Jorge Adios" von Astor Piazzolla – Bekannt auch unter „Adios Nonino". Der argentinische Tangokomponist Astor Piazzolla schrieb es 1959 in New York, einige Tage nach dem Tod seines Vaters Vicente, der den Kosenamen „Nonino" trug. Es ist eine Trauermusik im Tangorhythmus. *(Astor Piazzolla – Jorge Adios)*

„If love's a sweet passion, why does it torment?" von Henry Purcell „Wenn Liebe eine süße Leidenschaft ist, warum ist sie dann so qualvoll?" Es ist der „Gesang der Elfen" als sanfte Einleitung zum 3. Akt der Oper „The Fairy Queen". *(If love's a sweet passion)*

„Ich weiß, dass mein Erlöser lebet" von Georg Friedrich Händel
Eine Arie aus dem 3. Teil des Oratoriums „Der Messias", eines der bekanntesten Werke geistlicher Musik. Der Text basiert auf einem Abschnitt aus dem Alten Testament (Hiob 19,25f.): „Aber ich weiß, dass mein Erlöser lebt, und als der Letzte wird er über dem Staub sich erheben. Und ist meine Haut noch so zerschlagen und mein Fleisch dahingeschwunden, so werde ich doch Gott sehen." *(Dr. Anna-Karina Wild – Ich weiß, dass mein Erlöser lebet)*

„Adagietto" von Gustav Mahler – Der Titel enthält die Anweisung des Komponisten, wie das Stück zu spielen ist, nämlich „adagietto" = „ziemlich langsam". Es entstammt Mahlers Symphonie Nr. 5 und wurde bekannt durch den Film „Tod in Venedig", wo diese Abschiedsmelodie mehrfach auftaucht. Es ist besinnlich, geeignet zum Träumen und stillen Erinnern. *(Gustav Mahler – Symphonie Nr. 5 – Adagietto – Himmel und Wolken)*

„2. Satz des Klarinettenkonzerts A-Dur, Adagio" von Wolfgang Amadeus Mozart – Wie die Tempobezeichnung „Adagio" sagt, ist es ein langsames, ruhiges Stück. Zum Klassik-Hit wurde das romantische Abschiedslied durch den Film „Jenseits von Afrika". *(Wolfgang Amadeus Mozart – Klarinettenkonzert 2. Satz – Adagio)*

„Ave Verum Corpus" von Wolfgang Amadeus Mozart
Der Text folgt einem Gebet aus dem 13. Jh.: „Wahrer Leib, o sei gegrüßet, den die Jungfrau uns gebar. Du hast unsre Schuld gebüßet sterbend auf dem Kreuzaltar. Blut und Wasser sind geflossen, als dein Herz durchstochen war. Hilf uns streiten, hilf uns hoffen in der Todesnot und Gefahr!" Wählen Sie das Stück als Instrumentalfassung oder vom Chor vorgetragen. *(Wolfgang Amadeus Mozart – Ave Verum Corpus KV 618)* & *(Wiener Knabenchor – Ave Verum Corpus)*

„Heilig, heilig, heilig" (Sanctus Nr. 5) von Franz Schubert
Dieses bekannte, von Chören gern gesungene Sanctus aus der Deutschen Messe F-Dur, D 872, ist aufgrund seiner melodiösen,

eingängigen Melodie beliebt. „Deutsche Messe" ist der Titel des Gesamtwerks, weil es auf Deutsch gesungen wird, während zu jener Zeit für die Messen das Lateinische üblich war. Der Text: „Heilig, heilig, heilig, heilig ist der Herr. / Heilig, heilig, heilig, heilig ist nur er. / Er, der nie begonnen, er, der immer war, / ewig ist und waltet, sein wird immerdar. / Heilig, heilig, heilig, heilig ist der Herr. / Heilig, heilig, heilig, heilig ist nur er. / Allmacht, Wunder, Liebe, alles rings umher! / Heilig, heilig, heilig, heilig ist der Herr, heilig ist der Herr." Zum Auszug kann es von der Kirchenorgel gespielt oder dem Chor gesungen werden. *(Franz Schubert – Sanctus)*

„Selig sind, die da Leid tragen" von Johannes Brahms
Das ist der erste Satz aus „Ein deutsches Requiem" op. 45. Das Gesamtwerk in sieben Sätzen für Chor und Orchester soll weniger Trauermusik sein, sondern Trost derer, die Leid tragen. In jedem der sieben Sätze vertont Brahms einen Bibeltext. Im siebten Satz ist es der Vers aus Offenbarung 14,13: „Selig sind die Toten, die in dem Herrn sterben von nun an, dass sie ruhen von ihrer Arbeit; denn ihre Werke folgen ihnen nach." Ergreifend ist die Aufnahme der Wiener Symphoniker. *(Brahms Requiem – 7. Selig sind die Toten – Wiener Staatsopernchor)*

Trauermärsche zum Sarggeleit bzw. Urnengeleit

Trauermärsche sind rhythmisch langsam bis schleppend. Sie klingen streng und eintönig, unterstützen so das feierliche Sarggeleit gemessenen Schrittes in der Gemeinschaft. Sie eignen sich insbesondere für Beisetzungsfeiern im Rahmen von Verbänden, Vereinen und uniformtragenden Vereinigungen wie Feuerwehr, Polizei, Militär und Schützenvereine. Auch bei öffentlichen Trauerfeiern, Beisetzungen von Politikern und bei Demonstrationsmärschen mit klagenden und anklagenden Inhalten sind Trauermärsche angebracht.

„Trauermarsch" von Ludwig van Beethoven
3. Satz aus der Klaviersonate Nr. 12 op. 26. Beethoven überschrieb diese Trauerkomposition mit „Auf den Tod eines Helden".
(Beethoven – Sonate Nr. 12, op. 26 III. Trauermarsch)

„Marcia funebre" von Ludwig van Beethoven – 2. Satz aus der 3. Sinfonie op. 55. Er widmete diese Komposition mit besonders streng-ernstem Charakter Napoleon. *(Beethoven – Marcia funebre)*

„Trauermarsch" von Frédéric Chopin – 3. Satz der Klaviersonate Nr. 2 in b-Moll op. 35. Die Klaviersonate Nr. 2 ist eines der bekanntesten Werke Chopins, und der düstere 3. Satz, Marche funèbre, ist wohl der am häufigsten gespielte Trauermarsch überhaupt. Das Stück wird gern verwendet bei Staatsbegräbnissen und öffentlichen Gedenkfeiern. *(Frederic Chopin – Marche funebre)*

„Ases Tod" von Edvard Grieg – Grieg ist ein bedeutender norwegischer Komponist des 19. Jahrhunderts. Dies ist eine seiner beiden bedeutenden Trauerkompositionen. *(Edvard Grieg – Ases Tod)*

„Trauermarsch" von Edvard Grieg – Neben „Ases Tod" Griegs zweite bekannte Trauermelodie. Er komponierte diesen Totenmarsch in Gedenken an seinen Freund und Kollegen Rikard Nordraak. *(Edvard Grieg – Funeral March for Rikard Nordraak)*

„Marche funèbre" von Franz Liszt – Marche funèbre, zu Deutsch „Beerdigungsmarsch", heißt diese Trauerkomposition des bekannten Komponisten Franz Liszt. *(Franz Liszt – Marche funebre)*

„1. Sinfonie, 3. Satz" von Gustav Mahler – Vier Sätze hat Mahlers 1. Sinfonie. Mahler verbindet seine Komposition mit der Anweisung: „feierlich und gemessen, ohne zu schleppen". Dieser Trauermarsch ist also nicht bedrückend. Die Melodie ist eine Verfremdung des Kanons „Frère Jacques" („Bruder Jakob"). Dieser Satz ist nicht in Dur komponiert wie Bruder Jakob, sondern in Moll. *(Mahler – 1. Sinfonie 3. Satz feierlich und gemessen)*

„5. Sinfonie, 1. Satz" von Gustav Mahler – Mahlers 5. Sinfonie beginnt mit diesem Trauermarsch. Er schreibt dazu für die Interpreten seiner Trauerkomposition: „In gemessenem Schritt. Streng wie ein Kondukt" (Sarggeleit). Die Uraufführung der 5. Sinfonie fand am 18. Oktober 1904 in Köln statt. *(Mahler – 5. Sinfonie 1. Satz)*

„Kleiner Trauermarsch" von Wolfgang Amadeus Mozart
Die Melodie dieses Marche funèbre ist melodiöser, als man es von Totenmärschen kennt. Während andere Trauermärsche oft ca. zehn Minuten lang sind, dauert der Kleine Trauermarsch nur drei. *(Mozart – Marche funebre del Signor Maestro Contrapunto)*

„Trauermarsch" von Henry Purcell – Purcell schrieb die Trauerkomposition zur Beerdigung von Queen Mary II 1694. Der Marsch empfindet das Sarggeleit nach, die Begleitung des Sarges zum Grab. *(Purcell – March / Music for the Funeral of Queen Mary)*

„Trauermarsch" von Richard Wagner – Trauermusik aus dem 3. Akt der Oper „Götterdämmerung". Der Verlust eines geliebten Menschen wird musikalisch eindrucksvoll dargestellt. *(Richard Wagner – Siegfrieds Trauermarsch, Götterdämmerung)*

„Trauermarsch" von Alexander Skrjabin – Der russische Komponist Skrjabin lebte von 1872-1915. Der Trauermarsch ist der 4. Satz seiner 1. Klaviersonate f-Moll. Das Stück gilt als „Trauermarsch der Arbeiterbewegung". *(Scriabin – Sonata No 1-4 of 4)*

LIEDER

Vortragslieder

Ich nenne Ihnen zunächst Lieder, die vorgetragen oder vom Tonträger abgespielt werden können; für den gemeinsamen Gesang sind sie weniger geeignet. Wird ein Lied live vorgetragen, muss es nicht durch einen Künstler bzw. eine Künstlerin sein. Wenn es im Bekannten-, im Freundeskreis oder in der Verwandtschaft eine Person gibt, die einen Liedbeitrag leisten kann, sollte man diese Möglichkeit einem professionellen Auftritt vorziehen; denn eine Beerdigung ist kein Konzert, sondern zeichnet sich durch persönliche Beiträge aus.

Zu einigen Liedern finden Sie Textmeditationen im nächsten Kapitel LESETEXTE ZU LIEDERN. Diese können den musikalischen Vortrag ergänzen und inhaltlich verständlich machen.

„Candle in the Wind" – Bekannt wurde diese Elton John-Komposition von 1973 als Beerdigungslied für Prinzessin Diana. Elton John sang es dazu am 6. September 1997 live.
(Elton John – Candle in the Wind – Goodbye Englands Rose)

„Morning has broken" – Ein altes gälisches Volkslied, zu dem Eleanor Farjeon in den 1930er-Jahren den heute bekannten Text schrieb. Cat Stevens machte den Song 1971 bekannt. Zur Einstimmung in die Trauerfeier habe ich eine Instrumentalversion vorgeschlagen; im weiteren Verlauf kann das Lied mit Text eingespielt bzw. interpretiert werden. *(Yusuf Islam – Morning has broken with lyrics)*

„Time to say goodbye" – Seit der Boxer Henry Maske 2007 damit von seiner sportlichen Karriere verabschiedet wurde, wird es gern bei Abschieds- und Trauerfeiern gehört. Die Sopranistin Sarah Brightman veröffentlichte es in englischer Sprache. Im Duett singen sie und der italienischen Tenor Andrea Bocelli das italienische Original. *(Sarah Brightman, Andrea Bocelli – Time to say goodbye)*

„Over the rainbow" – Dieser weltweite Hit wurde 1939 von Harold Arlen als Titelmelodie zum Film „Der Zauberer von Oz" komponiert. Der Song steht ganz vorn auf der Liste der beliebtesten Lieder des 20. Jahrhunderts. Er hat nichts von seiner Popularität und Faszination verloren. Inhaltlich geht es um ein erträumtes Land irgendwo über dem Regenbogen, wo beim Erwachen alle Wünsche wahr werden. *(IZ – Over the rainbow alone in IZ world)*

„Amazing Grace" – Im anglikanischen Sprachraum hört und singt man diese Hymne zu allen religiösen Feiern – von der Taufe über die Trauung bis zur Beerdigung. Hat man zu Beginn des Trauergottesdienstes nur die Melodie gehört, kann das Lied im weiteren Verlauf angehört oder gemeinsam gesungen werden.
(LeAnn Rimes – Amazing Grace)

Irischer Segenswunsch – „Möge die Straße uns zusammenführen und der Wind in deinem Rücken sein; sanft falle Regen auf deine Felder und warm auf dein Gesicht der Sonnenschein. Und bis wir uns wiedersehen, halte Gott dich fest in seiner Hand." – So beginnt der Text dieses Irischen Reisesegens. Nach der Traueransprache oder besser direkt vor dem Geleit zum Grab kann man das irische Segenslied gut anhören oder gemeinsam singen.
(Segenslied Möge die Straße)

„Somewhere – ther's a place for us" – Dieses Lied schließt Leonard Bersteins Musical „West Side Story" ab. Das Stück handelt von der tragischen Liebe zwischen Tony und Maria (Romeo und Julia im 20. Jh.). Am Schluss des Musicals stirbt Tony in Marias Armen. Zur Melodie von „Somewhere" wird sein Leichnam davongetragen. Der Song passt also thematisch sehr gut zu einer Abschiedsfeier.
(Sarah Brightman – Somewhere from West Side Story)

„Der Weg" – Herbert Grönemeyer widmete seiner Frau Anna, die mit 45 starb, vier Jahre nach ihrem Tod das Album „Mensch" mit diesem Lied als Nachruf. *(Grönemeyer live – Der Weg)*

„Ave Maria" – Zwei Musikstücke sind unter diesem Titel besonders bekannt und werden bei Trauerfeiern gern vorgetragen: das Ave Maria von Franz Schubert und das von Charles Gounod.

– *Franz Schube*rt ist ein Komponist des frühen 19. Jahrhunderts. Er starb 1828 mit 32. Der genaue Titel des Stückes für Singstimme und Klavier ist „Ellens Gesang: Ave Maria, Jungfrau mild, erhöre einer Jungfrau Flehen." *(Barbara Hendricks – Ave Maria)*

– *Charles Gounod,* französischer Komponist, geboren 1818, gestorben 1893, schrieb sein Ave Maria auf der Grundlage eines Prädludiums von J. S. Bach. Es ist daher bekannt unter dem Titel „Das Bach-Gounod Ave Maria". *(Bach – Gounod: Ave Maria)*

„Über den Wolken" – Dieses bekannte Lied von Reinhard Mey ist nicht für Trauerfälle geschrieben; doch es schafft passende Gedankenverbindungen. *(Reinhard Mey – Über den Wolken)*

„My Way" – „Ich lebte mein Leben auf meine Weise", so blickt Frank Sinatra in diesem Evergreen auf sein Leben zurück. Im Anschluss an einen Nachruf nimmt „My Way" die Trauergemeinde mit auf eine gedankliche Erinnerungsreise durch das Leben der verstorbenen Person. *(Frank Sinatra – My Way, with lyrics)*

„Memory" – Der Welthit aus dem Musical „Cats" von Andrew Lloyd Webber. Memorys – das sind im Musical die Erinnerungen der Katze Grizabella. Bei der Trauerfeier werden Erinnerungen an den verstorbenen Menschen wach. *(Sarah Brightman – Memory)*

„Jenseits der Zeit" – Clemens Bittlinger komponierte und textete das Abschiedslied speziell zum Gedenken an verstorbene Personen, wie dieser kurze Auszug zeigt: „Jenseits der Zeit gibt es kein Leid, keine Tränen an dem Ort, den wir Himmel nennen. Sehen wir uns dort, wirst du mich auch erkennen, dort an jenem Ort, den wir Himmel nennen. Ich brauche Kraft, hier durchzustehen, doch ich weiß, dass wir uns wiedersehen." *(Clemens Bittlinger – Jenseits der Zeit)*

Moderne Lieder für den gemeinsamen Gesang

Die folgenden Lieder sind keine speziellen Trauerlieder; sie eignen sich jedoch dazu, im Trauergottesdienst gemeinsam gesungen zu werden, da sie Geborgenheit, Dank, Liebe und Hoffnung ausdrücken. Darunter sind auch Spirituals und Gospels. Diese haben ihren Ursprung in der Sklavenarbeit der schwarzen amerikanischen Bevölkerung. In schmerzvollen Situationen entstanden, drücken sie doch Gottvertrauen und Hoffnung aus. Sie lassen sich sehr unterschiedlich interpretieren: langsam und getragen – oder sehr flott.

„Morgenlicht leuchtet / Morning has broken" – Es ist kein Trauerlied, schon gar kein typisches Beerdigungslied. Doch es tröstet und spricht den Dank aus, den man mitten in der Trauer für das Geschenk des Lebens verspürt. Die bekannte Melodie ermöglicht es, gemeinsam zu singen. Dabei kann man zwischen englischem und deutschem Text wählen; auf Deutsch steht es im Evangelischen Gesangbuch.
(Morning has broken – Morgenlicht – mixed voices)

„Und bis wir uns wiedersehen, halte Gott dich fest in seiner Hand" – Als Musik zu Beginn der Beerdigung habe ich Ihnen Instrumentalversionen dieses Liedes vorgeschlagen. Für den Abschluss der Trauerfeier empfehle ich, es gemeinsam zu singen.
(Und bis wir uns wiedersehen, halte Gott dich fest in seiner Hand)

„He's got the whole world in his hands / Er hält die ganze Welt in seiner Hand" – Erstmals 1927 veröffentlicht; das erste Spiritual, das auch in internationalen Hitparaden platziert war. Wählen Sie zwischen dem englischen Originaltext und einem deutschen Text.
(Tanya Tucker – He's got the whole World in his Hands) &
(Er hält die ganze Welt in seiner Hand)

„We shall overcome" – Ursprünglich hieß der Gospelsong „I'll be allright", also: „Es wird mir gut gehen." Daraus wurde das Protestlied „We shall overcome", also: „Wir werden es überwinden." Sänger und Bürgerrechtler wie Pete Seeger oder Martin Luther King drückten damit ihren Traum von einer neuen, besseren Welt aus. Solche Visionen von einer guten, zukünftigen Welt passen in einen Trauergottesdienst. Sie entsprechen dem Bibeltext aus Offenbarung 21,1-6: „Und ich sah einen neuen Himmel und eine neue Erde, denn der erste Himmel und die erste Erde sind vergangen ..." *(Joan Baez – We shall overcome) & (Gospel Singers – We shall overcome)*

„Der Himmel geht über allen auf" – Den Kanon von 1974 textete Wilhelm Willms und komponierte Peter Janssens. Die leichte Melodie mit einfachem Text kann auch eine Trauergesellschaft singen, die musikalisch ungeübt ist. Wenn kein Musikinstrument vorhanden ist, muss man dank dieses Liedes nicht auf gemeinsamen Gesang verzichten. Übernimmt eine Person die Führung (singt es einmal vor), kann es ohne musikalische Begleitung mitgesungen werden. Mit der Trauergemeinde sollte man es nicht als Kanon singen, sondern den einzigen Satz, aus dem der Text besteht, mehrfach wiederholen: „Der Himmel geht über allen auf, auf alle über, über allen auf."
(Der Himmel geht über allen auf)

„Von guten Mächten wunderbar geborgen" – Den Text schrieb Dietrich Bonhoeffer zur Jahreswende 1944/1945. Er wurde am 9. April 1945 im KZ Flossenbürg als Widerstandskämpfer gegen das NS-Regime hingerichtet. Eine leicht singbare Melodie komponierte Siegfried Fietz. Das ökumenisch bekannte Lied steht in vielen Landeskirchlichen Teilen des Evangelischen Gesangbuchs.
(Dietrich Bonhoeffer – Von guten Mächten wunderbar geborgen)

„Danke-Lied" mit Trauertext – Es fällt oft nicht leicht, ein textlich geeignetes Lied zu finden, das von den Trauergästen gesungen werden kann. Daher wird häufig der Wunsch nach einem Abschiedstext zum allseits bekannten Lied „Danke für diesen guten Morgen" geäußert. Ich habe dazu folgenden Text geschrieben (ist die verstorbene Person männlich, ändern Sie das Personalpronomen):

1. „Danke, du schenktest ihr das Leben, / danke, du warst stets für sie da, / danke, wir sagen ewig danke, / dass sie bei uns war.
2. Danke, wir sagen ihr auch danke, / danke für alles, was sie tat, / danke für ihre große Liebe, / sie machte uns stark.
3. Danke, denn sie war unser Leben, / danke, sie war der Sonnenschein, / danke, sie bleibt in unsrer Nähe, / nie sind wir allein.
4. Bitte ruf du nun ihren Namen, / bitte reich du ihr jetzt die Hand, / bitte schenk ihr ein neues Leben / dort in deinem Land.

5. Bitte begleite sie jetzt weiter, / bitte lass sie nun nicht allein, / bitte lass sie in deinen Armen / stets geborgen sein."

Traditionelle Kirchenlieder

„Großer Gott, wir loben dich" – Tod und Abschied sind nicht nur Grund zur Klage und Trauer, sondern auch dazu, Gott für das Geschenk des Lebens sowie seine Begleitung zu danken und zu loben. Oft verdeutlichen Traueransprache bzw. Nachruf den Grund dafür; dann kann sich dies Lied direkt anschließen. Es steht im katholischen Gotteslob und im Evangelischen Gesangbuch in identischer Fassung (GL 257 / EG 331). Wählen Sie zwei/drei Verse aus, die besonders zum Abschied passen. Dann klingen Lob und Dank in der Melodie mit, obwohl Sie von Not (Vers 3), Trost (Vers 5), Aufnahme in den Himmel (Vers 8), Ewigkeit (Vers 9), Rettung vom Tod (Vers 10) oder Hoffnung (Vers 11) singen. *(Requiem – Otto von Habsburg – Großer Gott, wir loben dich) & (Großer Gott, wir loben dich, Papstmesse)*

„Ich bin ein Gast auf Erden" – Den Text dieses Liedes aus der Rubrik „Sterben und Ewiges Leben" des Ev. Gesangbuchs (Nr. 529) schrieb Paul Gerhardt 1666. Es hat viele Strophen; wählen Sie also zwei oder drei aus. Textlich eignen sich besonders Nr. 1, 7 und 11:

1. „Ich bin ein Gast auf Erden / und hab hier keinen Stand; / der Himmel soll mir werden, / da ist mein Vaterland. / Hier reis ich bis zum Grabe; / dort in der ewgen Ruh / ist Gottes Gnadengabe, / die schließt all Arbeit zu.
7. Mein Heimat ist dort droben, / da aller Engel Schar / den großen Herrscher loben, / der alles ganz und gar / in seinen Händen träget / und für und für erhält, / auch alles hebt und leget, / wie es ihm wohlgefällt.
11. Du aber, meine Freude, / du meines Lebens Licht, / du ziehst mich, wenn ich scheide, / hin vor dein Angesicht / ins Haus der ewgen Wonne, / da ich stets freudenvoll / gleich wie die helle Sonne / mit andern leuchten soll."

Es hat dieselbe Melodie wie das bekannte Passionslied „O Haupt voll Blut und Wunden", das wir im Evangelischen Gesangbuch unter Nr. 85 und im katholischen Gotteslob unter Nr. 179 finden.

„Noch kann ich es nicht fassen" – Wie „Ich bin ein Gast auf Erden" hat dies Trauerlied (EG 531) die Melodie von „O Haupt voll Blut und Wunden". Sie können also die Verse der drei Lieder kombinieren, z.B. Vers 1 von „Noch kann ich es nicht fassen" gemeinsam mit Vers 7 oder 11 von „Ich bin ein Gast auf Erden".

1. „Noch kann ich es nicht fassen, / was deine Schickung meint; / doch will ich dich nicht lassen, / wie auch mein Auge weint. / Auf deine Liebe trauen / will ich, mein Herr und Gott, / und gläubig aufwärts schauen / in meiner Herzensnot."

Eine andere Melodie, nach der sich „Ich bin ein Gast auf Erden" und „Noch kann ich es nicht fassen" singen lassen, ist die von „Befiehl du deine Wege". Das ist auch die Melodie der Lieder „Das Jahr geht still zu Ende" (EG 63) sowie „Gib Frieden, Herr, gib Frieden" (EG 430). Wenn Sie diese bekannte Melodie zugrunde legen, können Sie dazu Texte aus den fünf Liedern zusammenstellen. Verbinden Sie z.B. Vers 1 von „Befiehl du deine Wege" mit Vers 7 bzw. 11 von „Ich bin ein Gast auf Erden" oder Vers 2 von „Das Jahr geht still zu Ende" mit Vers 2 von „Noch kann ich es nicht fassen".

„Befiehl du deine Wege" – Kurz nach dem Dreißigjährigen Krieg schrieb Paul Gerhardt (geb. 1607) den Text dieses Liedes (EG 361). Er hatte ein schweres Leben. Als er 14 war, waren Vater und Mutter schon tot. Pestepidemien und der Krieg bestimmten den größten Teil seines Lebens. Vier seiner fünf Kinder starben früh. Leid ist der Hintergrund seiner Texte, die dennoch Trost und Gottvertrauen vermitteln. Zum Teil entstanden sie am Sterbebett der Kinder oder während er seiner trauernden Frau die Hand hielt.
(Gesang 361, Befiehl du deine Wege und was dein Herze kränkt)

„Wir sind nur Gast auf Erden" – Dieses Trauerlied wird bei Beerdigungen der katholischen Kirche gern gesungen. Es steht im Gotteslob unter Nr. 656. Bei evangelischen Trauerfeiern hört man es selten. Im Evangelischen Gesangbuch finden wir es im Regionalteil für Österreich unter Nr. 672. *(Wir sind nur Gast auf Erden)*

„Tut mir auf die schöne Pforte" – Für ein Lied aus dem 18. Jh. hat der Choral eine modern wirkende Melodie, die Hoffnung weckt und Trost gibt. Sie finden es im Evangelischen Gesangbuch, Nr. 166. Es ist kein typisches Trauerlied. Doch besonders die Verse 1 und 2 mit Sätzen wie „Führt in Gottes Haus mich ein" und „Ich bin, Herr, zu dir gekommen" passen zum Abschied eines Menschen von dieser Welt. *(Lied 166, Tut mir auf die schöne Pforte)*

„So nimm denn meine Hände" – Julie von Hausmann (1826-1901) schrieb den Text dieses Liedes in der Nacht, nachdem sie vom Tod ihres Verlobten erfahren hatte. Er hatte kurz vorher eine Stelle als Missionar in Afrika angenommen. Aus ihrer Heimat Estland war sie ihm mit dem Schiff nachgereist. In Afrika wollten sie heiraten. Doch bei ihrer Ankunft überbrachte man ihr die traurige Nachricht. Er war einige Tage vorher an einer Infektion gestorben und bereits beerdigt. In der darauffolgenden schlaflosen Nacht schrieb sie das Gedicht. Später (1862) veröffentlichte Julie von Hausmann den Text in einem Gedichtband. Friedrich Silcher (ihm wurde die Rebsorte „Silcher" gewidmet) komponierte dazu die Melodie. Das Lied wurde weltweit bekannt, Generationen sangen es nicht nur zu traurigen Anlässen. Es wurde auch ein beliebtes Hochzeitslied und steht in EG 376. *(So nimm denn meine Hände)*

„Maria, breit den Mantel aus" – Dieses Lied von 1640 hatte ursprünglich 29 Strophen. Vier Verse dieses besonders in katholischen Gemeinden beliebten Liedes finden wir im Gotteslob unter Nr. 595 mit einer Melodie, die Joseph Mohr 1891 schrieb. *(Maria, breit den Mantel aus)*

LESETEXTE ZU LIEDERN

Wird ein englischsprachiges Lied vorgetragen oder die Melodie eines Liedes gespielt, das man auf Englisch kennt, ist es ansprechend, wenn die Trauergäste ergänzend einen passenden Lesungstext auf Deutsch hören. Dazu eignen sich die folgenden Texte. Sie sind durch die Lieder inspiriert, aber keine Übersetzungen der Liedtexte! Es sind besinnliche Verse, die man zum entsprechenden Lied hören kann. Auch ohne Lied eignen sie sich als Lesungen in der Trauerfeier.

Folgende Möglichkeiten bieten sich, diese Texte im Rahmen der Trauerfeier einzusetzen:

- Hören Sie die Melodie des Liedes zu Beginn und lesen den entsprechenden deutschen Text in der Mitte der Feier.
- Lesen Sie den Meditationstext, während die entsprechende Melodie im Hintergrund läuft.
- Spielen Sie das Lied im englischen Original (mit englischem Text) vom Tonträger ab; lesen Sie direkt im Anschluss den meditativen deutschen Text.
- Lesen Sie den passenden deutschen Text zwischen zwei gesungenen Liedversen.
- Gestalten Sie zur Beerdigung ein kleines Heft mit Texten. Veröffentlichen Sie darin die Liedmeditation.
  So kann jede*r sie lesen, während sie/er die Melodie hört.

„Amazing Grace"
„Unglaubliche Gnade, Amazing Grace,
trug mich durch mein Leben.
Nichts blieb mir erspart im Auf und Ab der Zeit,
durch tiefe Täler führte mich der Weg
und durch manche Dunkelheit.

Nun bin ich hier am Ziel, am Ende meiner Zeit.
Viel Schönes brachte mir mein Leben,
doch harte Strecken auch und Schmerz und Leid.

Es war mein Mut, der mich stets ins Helle trieb,
und meine Kraft, die mich nach oben zog.
Doch mehr noch war es Hoffnung, die mich trug,
die nicht aus mir kam, nur geschenkt mir war.
Gnade wars, unglaubliche Gnade, Amazing Grace.

Jetzt führt mein Weg in unbekannte Sphären.
Ihr blickt mir nach, ich geh allein.
In unseren Herzen ist Dank und Liebe,
doch auch Trauer, Wehmut
und die bange Frage, was wird sein?

Aus Gefahren, Mühen, Angst und Not
brachte mich Gnade, Amazing Grace,
aus allen Schlingen, die das Leben legt;
und Gottes Gnade wird auch bei mir sein,
wenn alles Sterbliche in mir vergeht.

Amazing Grace, unglaubliche Gnade.
Sie gilt nicht nur für mich allein,
lässt Hoffnung, Frieden, Demut
auch in euren Herzen sein.
Sie verbindet uns und führt mich heim."

„Tears in Heaven"

1991 fiel Connor – Eric Claptons vierjähriger Sohn – aus dem un-
verschlossenen Fenster von Claptons Wohnung im 49. Stock eines
New Yorker Hochhauses. In Trauer und als Erinnerung schrieb
Clapton „Tears in Heaven" („Tränen im Himmel"). Weltweit ist es
mittlerweile der häufigst gehörte Song bei Beerdigungen. Hier ein
eigener Text, der seine Aussage aufnimmt, erklärt und vertieft:

„Träfe ich dich dort im Himmel, fern von hier:
Würdest du mich beim Namen rufen so wie hier?
Ich will nicht aufgeben, sondern weitergehen.
Deine Welt ist der Himmel, doch meine ist hier.

Würdest du mich halten, wenn ich dich träfe
dort im weiten All, dass ich stehe und nicht fall?
Noch find ich meinen Weg durch Freud und Leid.
Ich find ihn hier, der Himmel ist für mich noch weit.

Mächtig ist die Zeit, lähmen kann sie,
Herzen brechen, dass man bettelt und schreit.
Doch am Ende der Zeit ist der Ort,
den man Himmel nennt, da Friede herrscht,
wo man keine Tränen kennt.

Wenn wir uns treffen da bei dir:
Wirst du mich beim Namen rufen so wie hier?
Wir müssen stark sein, weitergehen,
du im Himmel und ich hier.

Der Himmel ist für mich noch weit.
Hier ist meine Welt, hier ist meine Zeit.
Doch wir sehn uns im Himmel!"

„Memory"
Ein besinnlicher eigener Lesetext passend zum Lied „Memory" aus
dem Musical „Cats":

„Blicke in den Nachthimmel,
denk an mich und sieh mich,
wie ich lächelnd zurückschaue
auf die Wege mit dir.

Lass Erinnerung wach sein,
hör mich,
wie ich laut rufe: 'Danke!'
Weil wir gemeinsam fühlten,
was Liebe bedeutet.

Blicke in den Morgen,
sieh, wie die Sonne am Horizont erscheint.
Sie lässt Dunkelheit vergangen sein,
und der Tag bricht neu heran.

Erinner dich im klaren Licht der Sonne,
und das Leben erwacht
hier für dich,
und weit in der Ferne
neues Leben für mich.

Vergiss nicht, fühl mich,
dann verglimme ich nicht wie die Kerze im Wind,
und die Sonne erwacht jeden Morgen neu,
lässt tiefe Dunkelheit vergangent sein.
Schau, ein neuer Tag beginnt!"

„My Way"
Mit diesen Sätzen – passend zur Melodie von „My Way" – kann
ein Mensch auf sein Leben zurückblicken:

„Das war mein Weg,
und jetzt und hier
ist er zu Ende.
Der letzte Vorhang fällt.

Das war mein Weg,
ich lebte gern, ich lebte gut.

Irrwege ging ich auch,
lief in Sackgassen,
fand doch zurück auf meinen Weg.

Auf meine Weise lebte ich.
Es war nicht alles recht, was ich tat,
doch da der letzte Vorhang fällt,
geh ich in Frieden.

Oft habe ich mir mehr zugetraut,
als ich schaffen konnte.
Ich fiel fast unter dieser Last,
doch biss ich mich durch.

Ich hab geliebt, gelacht, geweint,
gewonnen und verloren.
Der Vorhang fällt,
die Tränen sind vergessen.

Nun, da ich geh, für immer geh,
ruf ich mit einem Lachen laut:
Das war mein Leben!"

„Over the rainbow"
„Über dem Regenbogen,
weit, weit von hier,
irgendwo dort liegt es,
dort ist das Land,
von dem ich schon als Kind träumte.

Weit über dem Regenbogen ist der Ort,
wo Wünsche wahr werden,
wo kein Schmerz regiert
und keine Tränen fließen,
jenseits, weit fort.

Über dem Regenbogen,
jenseits unserer Vorstellungskraft,
sehe ich Bäume grünen
und Rosen blühn.

Schließ die Augen!
Sieh das Land mit mir,
von dem wir als Kinder träumten.
Dort werde ich sein,
fern von hier, nah bei dir!

Irgendwann werden wir uns wiedersehn,
dann wirst auch du dort erwachen,
über den Wolken,
über dem Regenbogen,
weit, weit oben.

Dann werden wir uns die Hände reichen,
unser Lachen wird erklingen,
Frieden wird herrschen.
Die Tränen werden versiegen,
hoch über dem Regenbogen."

„Somewhere"
Ein eigener Abschiedstext, der als deutscher Text die musikalische
Darbietung des englischen Songs „Somewhere" ergänzt:

„Irgendwo
ist ein Platz für uns.
Es gibt den Ort,
wo unsere Träume sich treffen.
Irgendwo.

Irgendwann
kommt die Zeit für uns,
dass wir uns wieder in die Augen schauen,
uns sehen wie lange nicht mehr.
Irgendwann.

Irgendwie
werden wir uns wiedersehen, in einer Welt,
die völlig anders ist, wo man vergisst,
wo man vergibt, wo wir uns ewig lieben.
Irgendwie.

Jetzt
reich mir noch einmal die Hand
über alle Grenzen hinweg.
Halt mich, vergiss mich nicht,
und das Unvorstellbare wird wahr.

Ich ruf dir zum Abschied zu:
Somewhere,
bis irgendwo,
bis irgendwann,
bis irgendwie."

„Time to say goodbye"
„Nun ist es Zeit, auf Wiedersehen zu sagen.
Schon oft fürchtete ich mich
vor dem Land, das niemand kennt,
jenseits unsres Horizonts, wo Dunkelheit regiert,
weil du nicht bei mir bist.

Nun ist es Zeit,
zu gehen in das Land,
das ist wie ein Zimmer ohne Licht
und wie ein Leben ohne dich.

Ich werde träumen in den Stunden ganz allein
von einem Land mit dir als Licht,
als Sonne, Mond
und da für mich.

Bist du auch unerreichbar fern,
ich liebe dich herbei.
In meinen Träumen wirst du sein.

Da erkunden wir das Land,
erklimmen steile Berge,
segeln über fremde Meere,
bereisen Hand in Hand Orte,
die niemand kennt.

Zeit, auf Wiedersehen zu sagen,
Zeit, all das miteinander zu erleben
in unseren Träumen
und jenseits fern hinterm Horizont,
im Land, das keiner kennt.

Ich sag: Auf Wiedersehen."

BIBELSPRÜCHE

Ein Bibelvers eignet sich ebenso als Überschrift über der Trauer-
anzeige wie über dem Trauerbrief. Als Einleitung zur Trauerfeier
gibt ein Bibelwort das Motto an, unter dem der Abschied steht.
Auch über dem Kondolenzschreiben kann ein geeigneter Spruch
aus der Bibel stehen, der den Trauernden Trost spendet. Die Sprüche sind hier nach der biblischen Reihenfolge geordnet. Sie sind
dem Anlass entsprechend frei übertragen von Frank Maibaum:

- „Lasst mich ziehen, haltet mich nicht; Gott hat meine Reise bisher gnädig gesegnet. Ich kann nun getrost zu ihm zurückkehren." (1. Mose 24,56)
- „Und nun singe ich mit König David das Lied des Dankes: Bei meinem Gott finde ich Zuflucht. Er ist mein Beschützer; wie in einer Festung in unerreichbarer Höhe bin ich geborgen bei ihm." (2. Samuel 22,3)
- „Ich war nackt, als Gott mich auf diese Welt schickte, und ebenso verlasse ich sie nun. Wie Gott mir das Leben schenkte, nimmt er es zurück; ich preise ihn dafür." (Hiob 1,21)
- „Merkt euch diese meine Worte, schreibt sie auf, ritzt sie in Blei oder meißelt sie in Fels: Ich weiß, mein Erlöser lebt, und wo nur Staub bleibt, erhebt er sich und ich mit ihm." (Hiob 19,23-25)

150 Psalmen enthält das Buch der Psalmen im Alten Testament. Psalmen sind alte Gebete und Lieder, wie sie das Volk Israel schon in der Zeit vor Jesus Christus betete und sang. In den Psalmen finden wir zahlreiche Sprüche zu Tod, Trauer, Trost und Vertrauen:

- „Gott erhellt mir meinen Weg; er sorgt dafür, dass ich sicher gehe; er ist mein Ziel, meine Geborgenheit. Ich gehe ohne Furcht." (Psalm 27,1)
- „Mit Leib und Seele lege ich mich vertrauensvoll in deine Hände, denn du hast mich erlöst, treuer Gott." (Psalm 31,6)
- „So bin ich nun ohne jegliche Macht und Kraft, mein Gott. In welche Zukunft ich gehen werde, weiß ich nicht. Doch ich lege mich ganz und gar in deine Arme; du wirst mich retten." (Psalm 31,15f.)
- „Deinem Gott darfst du deine Wege gut und gern anvertrauen. Er enttäuscht dich nicht, alles wird gut." (Psalm 37,5)
- „Großer Gott, zeige mir, dass mein Leben begrenzt ist und ich gehen muss, wenn du mich rufst." (Psalm 39,5)
- „Meine ewige Ruhe finde ich bei Gott; geduldig begebe ich mich in seine Hand. Nichts kann mir mehr schaden." (Psalm 62,2)

- „Ich lobe dich, großer Gott. Lasten lässt du mich tragen, aber du stützt mich. Wenn wir nur Tod sehen, zeigst du uns das Leben." (Psalm 68,20f.)
- „Zu dir gehöre ich, großer Gott. Du nimmst meine Hand, breitest deine Arme aus und nimmst mich auf. Was auf der Erde war, ist nicht mehr wichtig; du erfüllst mein Herz. Ich gehöre dir für immer und ewig." (Psalm 73,23-26)

In den Trost- und Trauersprüchen aus dem Alten Testament kommt oft das Thema „Weg" vor. Die Menschen verstanden Gott als den, der sie auf den Lebensweg schickt und auf diesem Weg begleitet. Sie nannten ihn daher den „Wegegott". Im Bewusstsein, sterben zu müssen, besannen sie sich in besonderer Weise auf diesen Gott, der sie ins Leben schickte und aus dem Leben zurück ruft:

- „Du bist Anfang und Ende, großer Gott. Solange es Menschen gibt, kommen sie von dir, und du bist ihr Ziel. Du rufst: 'Komm wieder, Menschenkind!'" (Psalm 90,2f.)
- „Wie schnell eilen unsere Jahre dahin; es ist, als fliegen sie davon." (Psalm 90,10)
- „Gott hat seine Engel geschickt, dich zu behüten auf allen deinen Wegen. Wohin du auch gehst, werden sie dich begleiten. Wenn Gefahr besteht, dass du dich verletzt, werden sie dich tragen." (Psalm 91,11f.)
- „Ich will Gott loben und nicht vergessen, wie viel Gutes er getan hat." (Psalm 103,2)
- „Barmherzig, gnädig und geduldig ist Gott; seine Liebe kennt keine Grenzen." (Psalm 103,8)
- „In seiner Vergänglichkeit gleicht der Mensch dem Gras und einer Blume auf dem Feld. Wo bleibt seine Blüte, wenn der Wind darüber weht? Aber wer zu Gott aufschaut, bleibt unerschütterlich von Ewigkeit zu Ewigkeit in seiner Liebe." (Psalm 103,14 ff.)
- „Danket Gott für seine unermessliche Güte und Liebe, die weder Zeit noch Grenzen kennt." (Psalm 107,1)

- „Ein müder, hinaufsteigender Wanderer bin ich. Mein Blick sucht den Gipfel des Berges. Wer hilft mir? Meine Hilfe kommt von dem, der Himmel und Erde gemacht hat." (Psalm 121,1 f.)
- „Gott wird nicht zulassen, dass du fällst. Ohne je zu schlafen, bleibt er an deiner Seite. So ist er bei dir in der Sonne des Tages wie auch im Mondschein der Nacht. Gegen alles Böse schützt er dich. Ob du nun fortgehst oder heimkehrst, er gibt auf dich acht, jetzt und für immer." (Psalm 121,3-8)
- „Wir finden Hilfe bei unserem Gott, dem Schöpfer des Himmels und der Erde; er ist für uns da." (Psalm 124,8)
- „Mit Tränen bringen wir die Saat aus, doch jubeln dürfen wir, wenn die Zeit der Ernte kommt." (Psalm 126,5)
- „Der Mensch plant seinen Weg; doch Gott allein lenkt zum Ziel." (Sprüche Salomos 16,9)

Auf Salomos Sprüche folgen im Alten Testament die uralten Weisheiten „Kohelets" (= „Prediger"). Das Buch entstand im 3. Jh. v. Chr.:

- „Für jedes Ereignis unter dem Himmelszelt hat Gott eine Zeit vorgesehen. So hat Geborenwerden seine Stunde und auch das Sterben und das Weinen und das Lachen." (Kohelet 3,1-4)
- „Man wird dich in deine ewige Heimat tragen, trauernd dich auf dem letzten Weg begleiten. Denn der Leib gehört zur Erde, und der Geist kehrt zu Gott zurück, der ihn gab." (Kohelet 12,5-7)

Die biblischen Propheten warnten die Menschen vor den Folgen ihrer Lebensweise. Sie waren aber besonders in Zeiten der Not, der Trauer und des Todes ganz nah bei den Leidenden. Sie spendeten Trost und Hoffnung und verkündeten Gottes Nähe. Ihre Sprüche eignen sich daher besonders für eine Trauerfeier. Zu den großen, bedeutenden Propheten gehören Jesaja, Jeremia und Daniel:

- „Die Zeit der Finsternis ist nicht von Dauer. In das Land, auf dem der Schatten des Todes liegt, dringt ein heller Schein. Das Licht leuchtet denen, die ihre Hoffnung in der Dunkelheit nicht verlieren." (Jesaja 8,23 und 9,1)
- „Wie Gras sind wir Menschen; unsere Schönheit gleicht den Blumen. Der Atem des Ewigen lässt das Gras verdorren und die Blumen welken. Doch Gottes Botschaft der Liebe bleibt bei uns für immer und ewig." (Jesaja 40,7f.)
- „Und aus der tiefsten Dunkelheit dieser Erde ruft Gott uns zu sich und spricht: Erwählt habe ich dich, nicht verstoßen. Fürchte dich nicht, ich reiche dir meine schützende Hand. Hab keine Angst, ich bin bei dir." (Jesaja 41,9f.)
- „Nun spricht Gott, der dich geschaffen hat: Fürchte dich nicht, ich habe dich erlöst und dich bei deinem Namen gerufen; bei mir ist deine Heimat." (Jesaja 43,1)
- „Gott spricht: Ich habe dich von Geburt an getragen. Ich bleibe derselbe. Ich umsorge dich bis ins hohe Alter, bis du grau wirst und darüber hinaus. Ich hebe dich in die Zukunft und trage dich weiter, wie ich es von Beginn an getan habe." (Jesaja 46,3f.)
- „Gott spricht: Komm in die neue Stadt. Hier wirst du dich fühlen wie ein liebkostes Kind auf dem Arm seiner Mutter. Ich selbst werde dich trösten, wie eine Mutter tröstet, und du wirst allen Kummer vergessen. Du wirst dich freuen, und dein Körper wird grünen wie Gras." (Jesaja 66,13f.)
- „Gott spricht: Mein Plan ist, dir Heil zu schenken und dir Leid zu nehmen. Ich gebe dir wieder Zukunft und neue Hoffnung." (Jeremia 29,11)
- „Gott kam aus der Ferne und sprach: Ich habe dich immer geliebt. Darum habe ich dich zu mir gezogen aus lauter Güte." (Jeremia 31,3)
- „Beuge dich zu mir, großer Gott. Ich flehe um Hilfe, nicht weil ich sie verdient hätte, sondern weil du mir gezeigt hast, wie gnädig und barmherzig du bist." (Daniel 9,18)

Mit den vier Evangelien (Matthäus, Markus, Lukas und Johannes) beginnt das Neue Testament. Hier zunächst Sprüche von drei der Evangelisten: Sprüche voll Trost, Hoffnung und Zuversicht:

- „Selig sind die Trauernden; denn sie sollen getröstet werden." (Matthäus 5,4)
- „Schenke deine neue Welt, und lass deinen Willen geschehen im Himmel und auf der Erde." (Matthäus 6,10)
- „Jesus Christus spricht: Ich bin bei euch bis ans Ende der Welt." (Matthäus 28,20)
- „Großer Gott, nun kann ich in Frieden heim zu dir gehen; ich vertraue dir, denn du hältst deine Versprechen." (Lukas 2,29)
- „Gemeinsam mit deinen Jüngern rufe ich: Es wird dunkel, begleite du mich durch die Nacht." (Lukas 24,29)
- „Gottes Licht scheint in der Dunkelheit. Und so dunkel es auch geworden ist, dieses Licht erlischt nicht." (Johannes 1,5)
- „Jesus sprach: Ich bin das Licht der Welt. Folge mir und ich werde dich durch die Dunkelheit in neues Leben führen." (Johannes 8,12)
- „Jesus spricht: Wer mir vertraut, wird leben, selbst wenn er stirbt." (Johannes 11,25)
- „Jesus spricht: Ich lasse euch nicht allein zurück. Ich werde bei euch sein. Ihr werdet sehen, dass ich lebe; und ihr werdet auch leben." (Johannes 14,18f.)

Den Evangelien und der Apostelgeschichte folgen im Neuen Testament die Briefe. Meistens stammen sie vom Apostel Paulus, der – außer den drei letzten – auch folgende Sprüche formulierte:

- „Wer Gott liebt, für den wird alles gut, was immer auch geschieht." (Römer 8,28)
- „Dies ist mein Trost: Nichts und niemand kann uns aus der Liebe Gottes reißen, weder der Tod noch das Leben, weder Engel noch böse Mächte, nicht die Trauer der Gegenwart, nicht die Sorge um die Zukunft. Nichts raubt uns diese Liebe." (Römer 8,38f.)

- „Niemand lebt für sich selber; niemand stirbt für sich allein. Im Leben und im Sterben gehören wir gemeinsam zu Gott, dem Herrn über die Lebenden und die Toten." (Römer 14,7-9)
- „Wir wissen: Unser Leben ist wie ein Zelt, dass einmal abgerissen wird. Gott hält dann für uns eine neue Behausung bereit. Wir werden in sie einziehen wie in einen neuen Leib. Es wird ein ewiges Haus sein, denn es ist nicht von Menschen errichtet." (2. Korinther 5,1)
- „Glaube ist Vertrauen, dass unsere Hoffnungen sich erfüllen; und Glaube ist die Zuversicht, dass etwas existiert, was wir noch nicht sehen. Dieser Glaube trägt uns." (Hebräer 11,1)
- „Es gibt auf dieser Erde keinen Ort, der uns ewige Heimat ist. Also sind wir unterwegs zu einer Stadt, die im Himmel für uns bereitet ist." (Hebräer 13,14)
- „Gott ist Liebe, und wer in Liebe lebt, der lebt ewig in Gott und Gott in ihm." (1. Johannes 4,16)

Mit der „Offenbarung" (Apokalypse des Johannes) endet das Neue Testament. Es ist das letzte Buch in der Bibel. Daraus stammt dieser Spruch, der Sterbenden und Trauernden Trost zuspricht:

- „Und eine Stimme rief vom Himmel herab: Getrost sein darf, wer im Vertrauen auf Gott stirbt; er darf sich ausruhen von Arbeit und Leid und empfängt gewisslich den Lohn für alle Mühe." (Offenbarung 14,13)

BIBLISCHE LESUNGEN

Hier ist eine kleine Auswahl von Texten aus der Heiligen Schrift, die sich als Lesung in der Trauerhalle, in der Kirche oder am Grab eignen. Für dieses Buch wurden die Texte vom Autor übertragen. Möchten Sie diese mit anderen Übersetzungen vergleichen, eignet sich dafür besonders die Internetplattform *www.bibleserver.com.*

Das „Buch der Weisheit" ist eine sogenannte „Spätschrift" oder „apokryphe Schrift". Diese Texte fehlen in den meisten Lutherbibeln und grundsätzlich in Bibeln der reformierten Kirche. Das muss evangelische Christen nicht abhalten, solchen Text für den Trauergottesdienst zu wählen. Man findet das Buch der Weisheit in katholischen Bibelausgaben – in der Einheitsübersetzung – und in der ökumenischen Guten Nachricht.

In Gottes Hand geborgen

„In Gottes Hand sind sicher die Seelen derer, die auf ihn vertrauen. Geborgen sind sie da, geschützt vor allem Leid. Doch Unwissende erkennen nichts als Tod, wenn jemand von uns geht. Sie sehen Unglück und Vernichtung nur. Der Törichte weiß gar von Gottes Strafe nur zu reden. Das tut er selbst beim Tod derer, die auf Gott vertrauen und in Frieden gehen. Sie starben doch voll Hoffnung auf Unsterblichkeit; so wird gering ihr Leiden sein, unendlich aber Seligkeit. Denn Gott der Herr steht treu zu seinem Wort. Wer glaubend ihm verbunden ist, wird dort in seiner Liebe sein, nie ohne Gnade und Erbarmen – ewiglich. Wer das nicht glaubt, sieht lediglich den Tod. Welch armer Tor." (Buch der Weisheit 3,1-5.9)

Für einen Menschen, der früh verstarb

„Ein Mensch, der auf Gott vertraut, und kommt sein Ende auch zu früh, geht leicht in Gottes Frieden ein. Hohes Alter gilt als Gnade und als Ehre, doch wahrer Maßstab ist die Zahl der Lebensjahre nicht. Denn Klugheit dient der Ehre mehr als grau gewordenes Haar. Ein kurzes Leben, tief und liebevoll, wie Gott es sehr gefällt, wiegt sicherlich ein langes Menschenleben auf, wenn dieses nicht den Weg der Liebe ging. Denn Gott der Herr erfreut sich an dem, der liebt, erbarmt sich seiner, nimmt ihn auf und gibt ihm reichlich Lohn."
(Buch der Weisheit 4,7-9.13-15)

Aus den Klageliedern des Propheten Jeremia stammt folgender Text:

Ich habe Hoffnung
„In meiner Trübsal darf ich mich an etwas erinnern, das mir neue Hoffnung macht und meine Kraft wiederkommen lässt: Gottes Güte ist grenzenlos, sein Erbarmen hat kein Ende. Jeden Morgen weckt mich seine Liebe neu; er steht zu mir mit seiner unendlichen Treue. Darum rufe ich von ganzem Herzen: Allmächtiger Gott, ich brauche dich! Gut ist Gott zu dem Menschen, der auf ihn hofft; heilsam der Seele, die nach ihm ruft." (Klagelieder Jeremias 3,21-25)

Texte aus dem Neuen Testament drücken die unauflösbare Verbindung des Verstorbenen mit Jesus aus, die durch die Taufe entstanden ist. Durch sie bleibt er mit Christus im Leben, im Tod und in der Auferstehung verbunden. Diese Texte machen Hoffnung auf die Vollendung des Lebens im Reich Gottes:

Gott lässt dich nicht verloren gehen
„Jesus sagte: Alle, die Gott mir ans Herz legt, werden zu mir kommen; und ich werde niemanden, der mich sucht, abweisen. Denn ich bin gekommen, um den Willen dessen zu tun, der mich in die Welt geschickt hat. Er möchte, dass niemand verloren geht von denen, die er mir anvertraute, sondern ich sie auferwecke am Jüngsten Tag. Denn es ist der Wille meines Vaters, dass alle, die den Sohn sehen und an ihn glauben, erweckt werden zum ewigen Leben." (Johannes 6,37-40)

Um das Jahr 55 schrieb der Apostel Paulus von Korinth aus einen Brief an die christliche Gemeinde in Rom. Darin heißt es:

Durch die Taufe zu neuem Leben
„Erinnert euch bitte, was mit uns in der Taufe geschehen ist. Wir sind mit Jesus in den Tod getauft. Unser altes Leben ist somit mit ihm begraben, um mit ihm auferweckt zu sein zu

neuem Leben in der Herrlichkeit Gottes. Wir sind mit ihm untrennbar verbunden. So gehen wir mit ihm auch durch den Tod in neues Leben. Das ist unser Glaube." (Römer 6,3f.8)

In der mazedonischen Stadt Philippi gründete Paulus die erste christliche Gemeinde in Europa. An diese Gemeinde schrieb er:

Ewige Heimat bei Gott
„Unsere Heimat ist der Himmel, an Gottes Seite. Wir dürfen auf Jesus Christus warten, der von dort kommt, um uns zu erretten. Er wird unseren schwachen Körper heimholen, dass er so unvergänglich ist wie der seine, glanzvoll an der Seite des Herrn. Dies geschieht durch seine Kraft, mit der er alles bewirken kann." (Philipper 3,20f.)

An die Gemeinde in Thessalonich schrieb Paulus:

Gott wird uns heimholen
„Meine Lieben, ich will euch gerne Gewissheit geben über die Verstorbenen, denn in eurer Trauer soll Hoffnung sein. Wir glauben doch fest, dass Jesus Christus gestorben und auferstanden ist. Durch Jesus Christus wird Gott ebenso die Entschlafenen heimholen und mit ihm vereinen. Also sagt dies weiter zum Trost." (1. Thessalonicher 4,13f.17f.)

PSALMVARIATIONEN

Die folgenden Texte sind von biblischen Psalmen inspiriert und beziehen die Aussage des jeweiligen Psalms auf die konkrete Situation des Sterbens, Abschiednehmens und Trauerns.

Geborgen *(nach Psalm 23)*
Die Lesung dieses Textes kann z.B. so eingeleitet werden:

„Unsere Mutter hatte ein bewegtes Leben. Sie ging ihren Weg
mutig und mit Blick nach vorn. Das konnte sie, weil sie stets
hoffnungsvoll war und auch für Kleinigkeiten dankte. So
spricht ihr dieser Text nach Psalm 23 sicher aus dem Herzen:

Ich schau zurück auf meinen Lebensweg:
Geborgen fühlte ich mich meist,
wohin der Weg auch ging.
Denn wie ein Hirte seinen Schafen Gutes tut,
so war mein Gott für mich.

Durch tiefe Täler schickte dieser Hirte mich,
verzweifelt schrie ich oft:
Mein Gott, mein Gott, ich schaff es nicht allein!

Ich ging, ich lief, ich kroch so manches Mal;
durch finstre Schluchten, über steile Höhn
fand ich mein Ziel.

Erst später oft erkannte ich,
dass seine Hand mich hielt,
sein Hirtenstab stets Halt mir gab
und sein Wort die Kraft zu gehen.

So fürchte ich mich nicht,
wenn unbekanntes Land jetzt vor mir liegt.
Was sich da auftut, weiß ich nicht.
Doch Einsamkeit ist's nicht, der Hirte ist noch da.

Bedenke ich, was er mir bisher gab,
so träume ich nun gern vom weiten, hellen Land,
vom reich gedeckten Tisch.

Der Hirte wehrt die Feinde ab, breitet die Arme aus,
empfängt mich freudig wie ein Schaf,
das schon verloren war,
und gibt mir, was ich brauch.

Ich danke euch und blick auf ihn,
wenn ich nun weitergeh.
Er führt auch dich durchs dunkle Tal.
Vielleicht spürst du es später erst,
dass seine Hand dich hielt.

Ich sorge nicht.
Ich bin am Ziel, hier bleib ich immerdar."

Sei mir nah *(nach Psalm 25)*
Gestaltungsvorschlag: Kopien des Textes werden zu Beginn der Trauerfeier verteilt (oder liegen schon auf den Plätzen). So kann der Psalm
im ersten Teil der Feier gemeinsam gelesen werden. Er drückt die
Gefühlslage der Trauernden aus und trägt ihren Schmerz vor Gott.

„Nach deiner Nähe, großer Gott,
sehne ich mich in meinem Schmerz.
Ich bitte dich, dass du mich hältst
wie jeden Menschen, der dich ruft.

Leer ist meine Seele,
nur schreien kann sie noch nach dir.
So halte mich und lass nicht zu,
dass ich auch dich verlier.

Liegt da ein Weg vor mir?
Ich seh ihn nicht!
Ich kann ihn nicht alleine gehn!
So führe mich, stütze mich, zeig mir ein Ziel,
und wenn ich falle, trage mich.

Erbarmend öffne Zukunft mir.
Obwohl von Jugend an ich immer wieder
dich vergaß und irrend eigene Wege ging:
Vergib!

Einsam stehe ich vor dir, elend,
gebeugt ist mein Körper vor Leid und Schmerz;
Kummer und Trauer raubten die Sinne mir.
Ich kann nicht mehr!

Doch weiß ich wohl, dass du mich siehst
und in die Enge meines Herzens dein Erbarmen wirfst.
All meine Hoffnung ruht auf dir.
Mein großer Gott,
lass du nicht zu, dass ich auch dich verlier."

Rückblick auf das Leben *(nach Psalm 73)*
Im Angesicht des Todes blickt ein Mensch auf die Welt, durch die
ihn sein Lebensweg führte. Er sieht Gier, Geiz, Neid und Hochmut,
die sie regieren. Er hofft auf ein Leben der Liebe im Jenseits. So geht
er mit Wehmut, aber doch erwartungsvoll. Im Ablauf einer Trauerfeier wird dieser Text am besten ganz zum Schluss gelesen, direkt bevor der Sarg bzw. die Urne zur letzten Ruhestätte geleitet wird:

„Das war mein Lebensweg; da ist das Ende schon.
Ihr fragt, was mich bewegt, ob Angst, ob Sorge
oder Traurigkeit mich plagt. Ich schau zurück
und blicke in die Welt, zu sehn, was ich verlier,
was ich gewinnen kann, ob ich mich fürchten muss.

Ich sehe Gier, die diese Welt regiert.
Ich sehe Menschen,
die im Reichtum versinken und doch haben wollen,
die längst noch nicht und nimmermehr zufrieden sind.

Ich sehe Geiz, der diese Welt beherrscht.
Ich muss sie gar nicht suchen, sie sind überall.
Jeder fast gehört dazu und ist gar stolz darauf,
zu fassen, zu halten, doch nicht zu geben,
nur zu behalten – mehr, als man brauchen kann.

Da ist der Hochmut, der sich gesellt zu Gier und Geiz.
In ihm kommt man sehr schön sich vor,
groß und mächtig noch dazu.
Man jubelt hoch und höher, damit man fester stoßen kann.
Der tiefe Fall des anderen, garniert mit Hohn und Spott,
ist Sensation, von der man lebt.

Der Neid ergriff mich manches Mal, so stark zu sein,
so reich und schön, gar mehr zu haben, als man braucht.
Doch als in Schmerz ich war, in tiefster Not,
zerrissen innerlich, gab er, mein Gott, mir seine Hand.

Ich danke ihm dafür, weil ich erfahren hab,
dass gegen Oberflächlichkeit das Leben eine Tiefe hat,
und über dem Geschwätz steht jetzt sein Wort:
Ich halte dich!

Die Welt, auf die ich eifersüchtig sah, brauch ich so nicht.
Ein neues Leben gab er schon, weil er an meiner Seite ist.
Wird Leib und Seele auch vergehen, er ist da, das bleibt.
Er gibt mir, was ich brauch, schon hier – und dort dann ebenso.

So ist's wohl Wehmut, doch nicht Angst und Schmerz,
was mich bewegt, wenn ich die letzten Schritte geh."

TRAUERLYRIK

Folgende Gedichte wurden vom Autor für dieses Buch geschrieben:

Ein Hoffnungstext

In 1. Korinther 13,13 steht der Vers: „Nun bleiben Glaube, Hoffnung, Liebe, diese drei. Aber die Liebe ist die größte unter ihnen."
Die bekannte Bibelstelle wird im folgenden Text entfaltet:

> „Nun bleiben Glaube, Hoffnung, Liebe, diese drei;
> aber die Liebe ist die größte unter ihnen.
>
> Glaube – Glaube erleuchtet,
> lässt dich vieles in neuem Licht sehen.
> Glaube zeigt dir Armut im Reichtum
> und den Reichtum inmitten von Armut,
> Schwäche in der Stärke
> und die Stärke der Schwachen,
> den Tod mitten im Leben,
> wenn Menschlichkeit stirbt,
> und das Leben mitten im Sterben,
> wenn Menschen zu neuem Leben erwachen.
> Gott schenke dir Glaube,
> der dich erleuchtet.
>
> Hoffnung – Hoffnung beflügelt,
> lässt dich weiter schauen.
> Hoffnung öffnet deinen Blick
> über das Selbstverständliche hinaus,
> über die Grenzen hinweg,
> durch das Dunkel hindurch,
> für das Weiter jenseits des Endes.
> Gott schenke dir Hoffnung,
> die dich beflügelt.

Liebe – Liebe beseelt,
lässt mit dem Herzen sehen.
Liebe zeigt dir,
was das Auge nicht sieht,
das Ohr nicht hört,
das Denken nicht erkennt,
der Verstand nie begreift.
Gott schenke dir Liebe,
die dich beseelt.

Liebe bringt dich auf die Welt,
Liebe schickt dich durch das Leben,
Liebe trägt dich über das Leben hinaus.
Von allem, was die Fähigkeit hat,
ewig zu bleiben,
ist Liebe das Größte.
Halte sie fest!"

Ein Trauernder nimmt Abschied
„Unsere Herzen hatten Flügel,
unsere Hoffnung erhob sich in die Morgenröte.
Unser Lachen schallte durch die Zeit,
unser Glück überwand alle Grenzen,
erfüllt von Liebe.

Was kümmerten uns Raum und Zeit!
Nichts hielt uns auf,
alles stellten wir auf den Kopf.
Unveränderliches verwandelten wir,
Berge versetzten wir vor Glück,
erfüllt von Liebe.

Doch Trauer ergriff Raum und Zeit!
Das Lachen ist versunken,
das Glück erstickt in Dunkelheit,
die Sehnsucht ertrunken in Tränen,
die Glieder gefesselt von Schmerz,
die Hoffnung zerschellt am Boden.

Und die Liebe?
Die Liebe ist stark wie je!
Sie trotzt Raum und Zeit!
Und in meinem schweren Herzen
keimt ein Wort: Danke.
Danke für die Liebe!"

Der Tod besiegt das Leben nicht
„Du fragst, warum ich sicher bin,
dass durch den Tod hindurch
der Weg zu neuem Leben führt.
Du denkst, dass es nur Glaube ist,
nichts, was man sieht,
geschweige denn beweisen kann.

Doch schau, ein Beispiel zeige ich dir gern,
damit du meine Zuversicht verstehst:

Im Jahre 1980 war's,
als ein Vulkan ausbrach im Staat Washington.
Der Mount St. Helen brachte Tod
und nichts als Tod,
soweit man sah.
Sekundenschnell war alles Leben fort.
Die Landschaft starb.

Nie wieder wird hier Leben sein,
nach menschlichem Ermessen nie,
bestätigte die Wissenschaft,
auch in ferner Zukunft nicht.
Es bleibt der Tod.

Drei Jahre später schon,
nicht erst nach einer Ewigkeit,
brach sich das Leben wieder Bahn.
Die Flora blühte auf,
die Fauna war zurück,
der Mensch war wieder da.

Unglaublich, sprach man, kann nicht sein!
Doch durch den Tod hindurch
erstand das Leben neu,
schöner noch als zuvor,
als wäre nichts geschehn.

Der Tod besiegt das Leben nicht.
Vielleicht bereinigt er,
schafft Platz für neues Leben
jenseits unserer Angst.

Kannst du die Hoffnung jetzt verstehn,
die mich beseelt im Leben und im Tod?"

Nicht ohne euch

Texte wie diesen und die folgenden kann ein Mensch seinen Lieben hinterlassen. Der Text kann in der Sterbesituation am Sterbebett oder im Trauergottesdienst gelesen werden:

„Es ist schon Jahre her,
dass mitten in der tiefen Nacht ein Engel zu mir kam.

Ein Engel, denk ich, war es – was sonst?
Eine Gestalt, die zu mir sprach:
'Ich biete dir ein Leben ohne Mühe, ohne Not – greif zu!
Ein Leben ohne Krankheit', schob er nach,
'und alles, was du brauchst, schenk ich dir dazu!'
Während ich noch dachte, ob's wohl ein Engel ist
– Was sonst? – und ob ich wach bin oder träum,
bot er noch mehr: 'Das Leben, das ich meine,
ist ohne Leid und ohne Tod!'

'Ein Leben, wie es schöner gar nicht geht!', rief ich.
'Das nehm ich gern, nur her damit!'
'So sei es', sprach er. 'Es ist ein Leben ohne Sorge!'
'Sorge, wer braucht die schon!', rief ich.
'Ja, wir verstehn uns', lachte er, der wohl ein Engel war,
'wer braucht schon Krankheit und Leid, Sorge und Not,
Liebe und die Liebsten, wer braucht das schon,
wenn es ein Leben ist, wie schöner es nicht geht?'

'Ohne meine Liebsten?', stutzte ich. 'Das nehm ich nicht!'
'Na bitte', höhnte er, 'dann geh den Weg mit Mühe,
Arbeit, Not, Sorge, Krankheit, Abschied und auch Tod,
dann geh den Weg! Doch eines weiß ich sicherlich:
Es kommt die Zeit, da du zurückblickst und bereust.
Es kommt der Tag, da steht der Tod vor dir.
Dann schreist du nach mir!'
Und er entschwand.

Ich ging den Weg, hier bin ich nun,
die letzten Schritte tue ich;
und schnell ruf ich zu dem, der wie ein Engel schien:
'Nein, ich bereue nicht!
Nun geh ich weiter in ein unbekanntes Land.
Doch alle Liebe nehm ich mit.
Nein, ich bereue nicht!'

Ob es ein Engel war – ich glaube nicht;
und allen echten Engeln ruf ich zu:
'Hier komme ich! Ich ging durch Mühe, Leid und Not;
doch meine Lieben war'n bei mir! So war's ein Leben
schön und gut; hier bin ich nun und bring ihre Liebe mit.
Nein, ich bereue nicht!'"

Nur Gast auf Erden

Zu diesem Text passen: „Du kamst, du gingst mit leiser Spur, ein
flüchtiger Gast im Erdenland. Woher? Wohin? Wir wissen nur: aus
Gottes Hand in Gottes Hand." (Ludwig Uhland) – „Ich bin ein Gast
auf Erden, verbirg deine Gebote nicht vor mir!" (Psalm 119,19)

"So bin ich doch nur Gast auf dieser Erde,
auf der ich mich so heimisch fühlte,
auf der ich Weggefährten fand,
Freundschaften schloss
und Menschen lieb gewann.

Und wie seit ewigen Zeiten jeder Mensch
nur Wanderer ist auf dieser Welt,
so bin auch ich nur auf dem Weg.

Woher ich kam, ich weiß es nicht;
wohin ich geh ist ungewiss.
Gewiss nur ist,
dass es kein Bleiben gibt,
die Ewigkeit ist nicht auf dieser Welt.

Wie jeder Gast seit eh und je
einst kam und wieder Abschied nimmt,
so ist es nun an mir zu gehen.
Das Ziel liegt noch vor mir.
Ich zögere nicht.

So reichen wir uns nun die Hand
und sagen wehmütig: auf Wiedersehen.
Vielleicht – ich denke schon –
gibt es ein Ziel,
an dem wir uns einst wiedersehen,
denn Wanderer bist auch du.
(Bis dann, auf Wiedersehen.)"

Weint um mich!
„Weint ruhig um mich,
denn eure Tränen tragen mich.

So mancher bittet, wenn er für immer geht,
dass man um ihn nicht weine.
Weint um mich, sage ich.
Denn vergossen sind eure Tränen nicht.

Sie tragen mich,
tragen mich in Gedanken durch meine Kindheit.
Auf einem Rinnsaal von Wehmutstränen
winke ich der Mutter, dem Vater, der Heimat zu.
'Danke', rufe ich.

Eure Tränen tragen mich,
tragen mich in Gedanken
durch meine Jugendzeit.
Geborgen auf einem Bach von Liebestränen
blicke ich auf die Ereignisse,
die verletzten,
wie auf die Momente des Glücks.
Eure Tränen tragen mich.

So trägt mich ein Fluss von Tränen
durch die Erinnerungen meines Lebens.

Trauertränen bewahren die Liebe,
besänftigen den Schmerz.
'Danke', rufe ich.

Weint um mich!
Zum Strom verein,
tragen eure Tränen mich sanft weiter.
Hoffnungstränen begleiten mich
in die endlose Weite des Meeres.
Weint sie, die Wehmutstränen,
die Liebestränen, die Trauertränen.

Vergesst die Hoffnungstränen nicht.
Sie tragen mich schließlich ans Ziel.
Dort werde ich aufgehen
in unendlicher Weite,
in zeitloser Ewigkeit,
nicht zu greifen,
nicht festzuhalten – und doch da,
dank eurer Tränen.
'Danke', rufe ich."

Der unbekannte Weg
„Vor mir liegt ein unbekannter Weg,
den ich nun wohl alleine geh.
Ich geh voraus.

Wohin der Weg mich führt,
ich weiß es nicht.
Vielleicht ist da ein Ziel;
doch ungewiss ist auch,
ob ich es je erreiche;
und niemand weiß,
ob wir uns jemals wirklich wiedersehen.

Ich bliebe gerne hier;
aber da ich gehen muss,
gehe ich getrost.

Der Weg ist fremd, das Ziel ist's ebenso.
Doch Leid wird da nicht sein.
Kein Schmerz wird meinen Körper quälen.
Der Himmel strahlt stets über mir,
und unter mir wird stets die Erde sein,
wo ich auch bin und wie.
Das ist gewiss.

Zu hoffen wage ich zudem,
dass Gottes Liebe mich umgibt wie nie zuvor.
Doch Friede, Ruhe, Himmel, Erde, Gott,
das ist mir nicht genug.
Ich brauche eure Liebe noch dazu.

Mein Weg darf endlos sein, selbst ohne Ziel;
ich kann ihn gehen, solang ich eure Liebe spür.
Lasst mich nun los und bleibt mir nah,
dann bin ich doch nicht ganz allein.

So kann ich gehen.
Getrost und hoffnungsvoll ruf ich 'adieu',
und leise füge ich hinzu:
'Bis dann.'
Vielleicht gibt's doch ein Wiedersehen.
Wer weiß schon,
wo und wie und wann.
Bis dann!"

Trauerlyrik bekannter Dichter

„Wenn etwas uns fortgenommen wird, womit wir tief und wunderbar zusammenhängen, so ist viel von uns selber mit fortgenommen. Gott aber will, dass wir uns wiederfinden reicher um alles Verlorene und vermehrt um jenen unendlichen Schmerz."

(Rainer Maria Rilke, 1875-1926)

„Die Blätter fallen, fallen wie von weit, als welkten in den Himmeln ferne Gärten; sie fallen mit verneinender Gebärde. Und in den Nächten fällt die schwere Erde aus allen Sternen in die Einsamkeit. Wir alle fallen.
Diese Hand da fällt. Und sieh dir andere an: Es ist in allen. Und doch ist Einer, welcher dieses Fallen unendlich sanft in seinen Händen hält."

(Rainer Maria Rilke)

„Wenn ich begraben werde, so lasst das Rühmen sein.
Mit Erde und mit Schweigen umhüllet meinen Schrein.
Nicht brauch ich Lobgesänge aus weitem Trauerkreis,
denn vor dem Höchsten Richter gilt keines Menschen Preis.

Wenn ich begraben werde, so lasst das Trauern sein.
Denkt, dass ein müder Wandrer nun ging zur Ruhe ein,
der mühsam weiter wankte, wenn ihn verließ die Kraft.
O lasst ihn selig schlafen nach harter Wanderschaft.

Wenn ich begraben werde, dann gönnt mir ein Gebet,
ein Wort, das vor dem Throne des Höchsten nicht vergeht.
Den Tod besiegt die Gnade, drum geht froh (getrost) nach Haus
und lasst den Herrgott walten; er löscht den Docht nicht aus."

(Ulrich Dürrenmatt, 1849-1908)

„Gottes Hände halten die weite Welt,
Gottes Hände tragen das Sternenzelt,
Gottes Hände führen das kleinste Kind,
Gottes Hände über dem Schicksal sind.
Gottes Hände sind meine Zuversicht:
Durch alles Dunkel führen sie doch zum Licht!
Im Frieden geborgen, vom Sturm umtost.
In deinen Händen, Herr, bin ich getrost."

(Aus einem alten Volkskalender)

„Ach wie flüchtig, ach wie nichtig ist der Menschen Leben!
Wie ein Nebel bald entstehet und auch wieder bald vergehet,
so ist unser Leben, sehet!
Ach wie nichtig, ach wie flüchtig sind der Menschen Tage!
Wie ein Strom beginnt zu rinnen und mit Laufen nicht hält innen,
so fährt unsre Zeit von hinnen.
Ach wie nichtig, ach wie flüchtig sind der Menschen Sachen!
Alles, alles, was wir sehen, das muss fallen und vergehen.
Wer Gott fürcht', wird ewig stehen."

(Michael Franck, 1609-1667)

GESCHICHTEN

Ewiges Leben?
Erste Geschichte von der alten weisen Frau
Eine greise, weise Frau lebte schon sehr lange ganz allein zwischen ihren alten Büchern. Da waren Bücher mit Geschichten, Bücher mit Gedichten, Bücher mit Sprüchen und Liebesbriefen, Bücher mit Träumen und Visionen. Als sich herumsprach, dass die weise Frau bald sterben würde, kamen Menschen von nah und fern, um ihr Fragen zu stellen nach dem richtigen Leben, nach dem Sterben und dem, was wohl nach diesem Leben kommt. Von ihr erhofften sie Antworten auf die Fragen, die ihr Herz bewegten.

Die Geschichte

„Fromme Leute glauben, es gäbe ein Leben nach diesem Leben",
sagte ein Mann mit Skepsis in der Stimme. „Sie nennen es Ewigkeit; doch ich frage mich: Wie könnte sie sein, die Ewigkeit?"

„Die Ewigkeit", wiederholte die Frau, die all die alten Bücher gelesen hatte, „wie kann sie sein?" Als sei sie gar nicht bei der Sache,
beobachtete sie, während sie diese Worte langsam sprach, einen Kä-
fer, der sich wohl verirrt hatte und über ihren Fußboden krabbelte.
Sie bückte sich und hob ihn auf. „Schaut, wie winzig!", sagte sie.
„Seht ihr dieses kleine Tier? Es ist so klein. Doch wie es sich bewegt! Ist es nicht ein erstaunliches Geschöpf? Geschaffen mit Liebe. Ich bin voll Bewunderung. Da ist Liebe bis ins kleinste Teil."

„Nicht nach dem Kleinsten fragte ich", sagte der Mann. „Die Ewigkeit, wie das Leben nach diesem Leben ist, diese Frage bewegt mich."
Andere nickten. Ja, darauf wollte man eine Antwort erhalten.

Als hätte sie den Einwand nicht gehört und die Neugier nicht ge-
sehen, schweifte der Blick der alten Frau nach oben. Die Blicke
der Anwesenden folgten ihr, streiften die vielen alten Bücher, die
Geschichtsbücher und die Bücher mit Geschichten, die Bücher mit
Sprüchen, mit Liebesbriefen, mit Träumen und Prophezeiungen.
Ihre Blicke trafen sich an der Decke des kleinen Raums.

„Ich schaue nach oben", sagte die Frau, „in die Wolken, in den
Himmel und weiter. Ich sehe den Mond, die Sonne, die Sterne, die
Unendlichkeit. Ich bin ergriffen vor Erfurcht. Welch eine Weite,
welch eine Vollkommenheit Da ist Liebe bis ins fernste Detail."

Einige Anwesende wurden unruhig. Sollte sie doch nicht so weise
sein, wie es hieß, da sie nicht einmal die einfachste Frage verstand.

Eine junge Frau versuchte es erneut, sprach betont freundlich aus,
was alle dachten: „Sie sind alt, leben allein und sind meist vertieft

in Ihre Bücher. Da haben Sie Zeit, das Kleinste zu bewundern und die Unendlichkeit zu bestaunen. Doch wir stehen mitten im Leben. Unsere Zeit ist begrenzt, und so wissen wir, dass auch unser Leben begrenzt ist. Also stellen wir uns manchmal die Frage, was am Ende unserer Zeit sein wird, wie sie aussieht, die Ewigkeit."

„Ich bin nur ein Mensch wie ihr", sagte die Alte, „keine Prophetin. Eine schnelle Antwort, die ihr erwartet, kann ich euch nicht geben."

„Wir werden es nie wissen, solange wir leben, denn über die Grenze von Leben und Tod kann niemand schauen", sagte ein junger Mann. „Die Ewigkeit ist unserer Erkenntnis verschlossen." Etliche der Anwesenden wandten sich zur Tür, während andere wie vor Enttäuschung gelähmt regungslos auf die alte Frau schauten.

„Liebe", hörte man eine zarte Stimme. Mitten in die Unruhe hinein sprach ein Kind. Es stand zwischen den Erwachsenen, man hatte es bisher nicht wahrgenommen. „Liebe", wiederholte das Mädchen. „Unendliche Liebe wird sein, was sonst!? Wenn man das Kleinste nicht bewundert und über das Größte nicht staunt, erkennt man es nicht. Sieht man genau hin, findet man Liebe, Liebe im kleinsten Teil und Liebe bis in die unendliche Ewigkeit. Liebe wird sein, was sonst!?"

Angst vor dem Tod? *(Einleitung wie 1. Geschichte)*
Zweite Geschichte von der alten weisen Frau
„Du bist schon so alt, hast du nicht Angst vor dem Tod?", fragte ein kleiner Junge die alte Frau. Sein trauriger Blick verriet, dass er sich vorstellte, wie der Tod wohl sei. „Da ist dann nichts mehr los", fügte er hinzu und schaute die alte Frau erwartungsvoll an. „Da ist dann nichts mehr los", wiederholte er. „Hast du Angst davor?"

Die weise Frau lächelte. Diese Heiterkeit zeigte sie nur, wenn sie zu Kindern sprach. Deren Fragen beantwortete sie offensichtlich besonders gern. „Ja", sagte sie, „du hast recht. Alles, was los ist in unserer Welt, wird nicht mehr los sein. Friedlos wird nicht mehr sein, vaterlos nicht, mutterlos nicht und nicht hoffnungslos. Lieblos wird nicht sein und nichts sinnlos. Geschmacklos wird nicht sein. Das muss denen Angst machen, für die immer viel los sein muss. Los wird nicht viel sein. Mutlos wird nicht sein. Endlos wird keine Qual mehr sein, keine Einsamkeit und keine Verzweiflung. Heimatlos wird nicht sein."

Stille lag im Raum. Der Junge überlegte, was die Alte wohl meinte.

„Ich habe keine Angst, mein Kleiner", sagte sie in die Stille hinein. „Für mich muss nicht viel los sein. Dafür werden Väter da sein und Mütter, Hoffnung wird es geben, der Krieg steht still. Erbarmungslos wird nicht sein, dafür Friede, Sinn und Liebe. Heimat wird sein, ewige Heimat. Ich überlasse die Angst denen, für die immer viel los sein muss, und fürchte mich nicht vor dem, was nicht los sein wird."

Liebe, die nicht stirbt
Eine Geschichte vom ewig kleinen Prinzen
Der kleine Prinz, der einst den Dichter Saint-Exupéry begleitet hatte, kam viele Jahre später noch einmal zurück zur Erde, um den Fuchs wieder zu treffen, mit dem er sich vertraut gemacht hatte. Denn er hatte mittlerweile Neues erfahren über Leben, Tod und Liebe.

Er landete diesmal direkt neben dem Feld mit den vielen Rosen, die er vor Jahren so bestaunt hatte. „Ihr seid noch da und habt euch nicht verändert. Das freut mich! Ihr seid so schön wie damals", rief er den Rosen zu, nachdem er aus seinem Raumschiff gestiegen war, das wie eine große Seifenblase in allen Farben schimmerte.

Seine Stimme klang traurig, als er weitersprach: „Ich habe euch damals von meiner einmaligen Rose erzählt und von meiner Liebe zu ihr. Sie ist nicht mehr da, denn meine Rose war vergänglich."

Während der kleine Prinz zwei Tränen verwischte, die sich auf seine Wangen gesetzt hatten, näherte sich zaghaft ein junger Fuchs. „Da bist auch du, mein Freund", sagte der kleine Prinz. „Damals hast du mir Weisheiten mit auf den Weg gegeben. Erinnere dich: Der Mensch sieht nur mit dem Herzen gut, alles Wesentliche ist für das Auge unsichtbar. Ich habe deine Worte bewahrt, auch diese: Du bist zeitlebens verantwortlich für das, was du dir vertraut gemacht hast."

Der Fuchs hatte seine Scheu nun verloren: „Du bist weise, aber du weißt wenig über unsere Welt", sagte er freundlich. „In ihr ist alles Lebendige vergänglich. Die Rosen dort sind nicht die von damals. Diese sind die Nachkommen der Rosen, die du bewundertest. Der Fuchs, den du kanntest, ist mein Vorfahre. Er ist längst vergangen."

„Ich kenne die Vergänglichkeit", antwortete der kleine Prinz. „Meine Rose …" Er hielt mitten im Satz inne. „Also leben in den Nachkommen die Vorfahren weiter", sagte er nachdenklich. „Ich bin gekommen, um meinem Freund, dem Fuchs, eine Nachricht zu bringen. Ich kann sie also auch dir geben. Lass uns zur Lichtung gehen, wo ich so gern mit ihm war, wo wir uns vertraut gemacht haben."

Am Rand der Lichtung im Wald saßen sie eine Zeit still nebeneinander. Der ewig kleine Prinz träumte von seiner geliebten Rose; der junge Fuchs hörte in Gedanken die Weisheiten des alten Fuchses.

„Es ist mehr", sagte der kleine Prinz in die Stille hinein. „Das wollte ich ihm sagen. Es ist mehr als eine Lebenszeit. Man ist nicht nur zeitlebens verantwortlich für das, was man liebt, sondern für alle Ewigkeit. Liebe stirbt nicht, selbst wenn Leben vergeht."

„Doch", entgegnete der Fuchs, „Liebe ist vergänglich. Sie ist das Empfindlichste auf dieser Welt und verletzlicher als das Leben selbst."

„Ja", sagte der kleine Prinz, „Liebe kann mitten im Leben schon sterben. Das zu erleben tut bestimmt weh. Ihre Vergänglichkeit hängt aber nicht ab von der des Lebens. Lebendige Liebe ist darüber hinaus lebendig als das einzig Lebendige, das ewig bestehen kann."

„Lebendige Liebe bleibt über das Leben hinaus lebendig. Liebe ist das einzig Lebendige, das ewig bestehen kann", wiederholte der junge Fuchs nachdenklich, als wolle er prüfen, ob diese Sätze stimmen.

Sie blickten wieder eine Weile still auf die Lichtung. Der kleine Prinz sah in den Sonnenstrahlen, die durch die Bäume fielen, seine Rose – der junge Fuchs seine Lieben, die ihn schon verlassen hatten. Der kleine Prinz unterbrach abermals die Stille: „Ich möchte dich zum Abschied umarmen, denn ihr auf dieser Welt seid ganz wunderbare Wesen; das liegt daran, dass ihr vergänglich seid."

Sie hielten sich im Arm. „Ich bin traurig", sagte der Fuchs, „dass du fort musst, doch ich verstehe: Diese Welt ist nicht deine Welt."

„Und Abschied gehört zum Leben", ergänzte der kleine Prinz.

„Liebe ist das Empfindlichste und zugleich das Stärkste im Leben. Ihre Vergänglichkeit hat mit der des Lebens nichts zu tun. Lebendige Liebe ist das einzig Lebendige, das ewig bestehen kann", murmelte der junge Fuchs, während er dem kleinen Prinzen, der in der Ferne verschwand, nachwinkte. „Und Abschied gehört zum Leben."

NACHRUFE
UND KURZE REDEN

Kurzer, allgemeiner Nachruf

„Wir sind unsagbar traurig. Sie fehlt uns so! Nichts mehr wird sein wie früher. Es wird immer eine Lücke bleiben, die sie bisher ausfüllte. Mit ihr sind wir wunderbare Wege gegangen. Wir haben gelacht und gefeiert. Mit ihr sind wir auch durch dunkle Gassen gegangen, haben gebangt, geweint und doch wieder gehofft.

Wir weinen um sie und werden unsere Wege weitergehen. Sie ist nicht mehr da und doch ganz nah bei uns. Sie wird ewig in unseren Gedanken, Erinnerungen und Herzen sein. Da hat sie nun einen Platz.

Wir werden sie nicht vergessen, denn wir sind für immer dankbar, dass wir sie bei uns hatten."

Allgemeine Trauerrede
Die folgende Rede passt zum Tod einer älteren wie auch einer jüngeren Person, eines Vaters wie einer Mutter. Sie eignet sie sich als Nachruf für eine Person, die plötzlich verstarb, wie zum Abschied nach langer Krankheit:

„Der englische Philosoph Thornton Wilder sagte: 'Da ist ein Land der Lebenden und da ist ein Land der Toten; als Brücke dazwischen ist unsere Liebe.' Da ist ein Land der Lebenden. Wir haben dieses Land mit ihr (der Verstorbenen) erlebt. Manche von uns sind mit ihr einige Schritte gegangen, andere fast den gesamten Lebensweg. Über die Zeit im Land der Lebenden – gemeinsam mit ihr – haben wir viele Erinnerungen und können viel erzählen. Gerade in den letzten Tagen sind etliche dieser Erinnerungen wieder wach geworden."

Hier können einige konkrete Erinnerungen eingefügt werden. Sie können typische Situationen oder Verhaltensweisen beschreiben:

„Unvergesslich wird uns bleiben, wie sie auf ihrer Bank saß und ihren Garten betrachtete ... wie sie sich über ihre Enkel freute ... Die Erinnerungen an sie sind unterschiedlich. Erinnerungen an glückliche Stunden, an lustige Erlebnisse, an Feste mit ihr in unserer Mitte, an Freude und Ausgelassenheit. Doch da sind auch Erinnerungen an Krankheit, traurige Ereignisse und schwere Stunden ..."

Ein Moment der Stille kann den Erinnerungen folgen. Dieser kann ca. eine Minute dauern. Das gibt jedem Trauergast die Möglichkeit zu eigenen Erinnerungen. Die Stille kann z.B. so eingeleitet werden:

„In der Stille kann nun jeder für einen Augenblick an Schritte und Wege mit ihr zurückdenken, die man besonders in Erinnerung hat. (Nach der Pause:) 'Da ist ein Land der Lebenden – und da ist ein Land der Toten', sagt der Dichter. Über das Land der Lebenden gemeinsam mit ihr haben wir viele Erinnerungen und können viel erzählen, mehr als die Zeit heute ermöglicht. Über das Land der Toten, können wir nichts sagen. Dahin ist sie nun unterwegs. Wir wissen nicht, wie es dort sein wird, was sie dort erwartet. Wir können ihr nur hilflos nachblicken. Wir geben ihr aber unsere guten Wünsche mit für die Wege, die sie nun geht im unbekannten Land."

Nun können GUTE WÜNSCHE eingefügt werden. Es eignen sich Texte, wie sie im gleichnamigen Kapitel stehen. Idealerweise liest die Wünsche eine andere Person. Beeindruckend ist, wenn sie nicht von vorn gelesen werden, wo der Redner steht, sondern aus der Trauergemeinde. Dabei werden die Wünsche vom Platz aus gelesen, aber bitte so laut, dass alle Gäste den Text gut hören können:

„Da ist ein Land der Lebenden und eines der Toten; und als Brücke zwischen beiden steht unsre Liebe. Diese Brücke wird lange halten; für einige von uns ewig. Es ist eine Brücke, gebaut aus Steinen der Liebe, befestigt mit unseren Tränen, verfugt mit unseren Erinnerungen und unseren guten Gedanken. Lasst diese Brücke stark sein als Verbindung zu ihr; als Verbindung über die Grenze hinweg, über die Grenze zwischen dem Land der Lebenden und dem Land der Toten."

Falls der Sarg oder die Urne aufgebahrt ist, nun dorthin gewandt:

„Tschüs, adieu, bis auch wir über diese Brücke gehen."

Beerdigungsrede
mit kritischer Bezugnahme auf Psalm 23
Wurde im ersten Teil der Trauerfeier Psalm 23 gelesen, kann zu Beginn der Rede auf diese Psalmlesung Bezug genommen werden:

„'Der Herr ist mein Hirte, mir wird nichts mangeln.' Diesen bekannten Psalm haben wir gerade gehört. Der Text scheint nicht ganz in unsere Situation zu passen."

Wurde der Psalm nicht gelesen, kann der Anfang der Rede lauten:

„Wir alle kennen Psalm 23: 'Der Herr ist mein Hirte, mir wird nichts mangeln.' Seit Beginn der Christenheit wird dieser Text am häufigsten bei Beerdigungen gelesen. Auch wir haben daran gedacht, ihn heute vorzutragen. Doch wir tun uns schwer damit, denn er scheint nicht in unsere Situation zu passen."

Ob der Psalm vorher gelesen wurde oder nicht, fahren Sie jetzt fort:

„Bedenkt man, wie sehr unsere Mutter leiden musste, fällt es heute schwer, Gott dankbar als 'guten Hirten' zu bezeichnen, der es an nichts mangeln lässt. Denn es mangelte sehr: an Gesundheit, an Wohlergehen, an Freude. Stattdessen Krankheit, Leid, Schmerzen, Verzweiflung, Tränen, durchwachte Nächte. Unsagbar hat sie gelitten. Wir haben mitgelitten und leiden nun, dass sie gehen musste.
Da betet man ungern: 'Gott, mein guter Hirte.' Da möchte man schreien: 'Gott, was hast du ihr zugemutet! Warum so unerträgliches Leid, Schmerz und Verlust?' Wenn da ein guter Gott ist, von dem man sagt, er sei für die Menschen wie ein guter Hirte, dann muss er hören und sehen, wie verzweifelt wir sind, voll Trauer, Schmerz, Zweifel und Enttäuschung. Ihr und uns wurde zu viel zugemutet! Wir können nicht mehr einfach an den guten Gott glauben. Das Leid der letzten Tage, Wochen und Monate bedrückt uns noch.

Doch nun, wo wir von ihr Abschied nehmen, sehen wir unsere Mutter nicht nur als leidende Frau, die sie in ihrer Krankheit war. So behalten wir sie nicht in Erinnerung. Nun ist es an der Zeit, unseren Blick wieder zu öffnen und sie so zu sehen, wie sie die meiste Zeit ihres Lebens war. Denn so wollen wir uns an sie erinnern: als Frau voll Lebenskraft, voll Liebe und Engagement.

Wenn wir auf ihr ganzes Leben blicken, sehen wir sie auch als unbeschwertes Kind, als lebenslustige Jugendliche. Wir sehen die Hoch-Zeit der Liebe, wir sehen sie als glückliche Mutter, als Frau, die liebt und da ist, wenn man sie braucht. Wir sehen ihre Wünsche und Hoffnungen, von denen sich viele erfüllten. Gemessen daran war sie nur kurz eine kranke, leidende Frau. Wir dürfen sie als einmalige, glückliche, starke Frau und Mutter in Erinnerung behalten. Das war sie.

Darum können wir mitten in die Trauer hinein doch 'Danke' sagen. Danke an den Gott, der ihr das Leben schenkte und sie begleitete wie ein Hirte seine Schafe. Danke, dass wir sie bei uns haben durften. Danke sagen wir ihr, der wir nun nur noch hilflos nachblicken können Danke für alle Liebe, für alles, was sie gegeben hat! Wir hätten gern mehr Zeit gehabt, ihr viel davon zurückzugeben. (Oder zum Sarg bzw. zur Urne gesprochen: „Danke für alle Liebe, danke für alles, was du gegeben hast! Wir hätten gern mehr Zeit gehabt, dir viel von der Liebe zurückzugeben.") Wir geben ihr nun unsere Liebe ein Leben lang und sagen: Auf Wiedersehen."

Wurde Psalm 23 vorher nicht gelesen, kann sich nun (oder nach einer Instrumentalmusik) die Meditation zu Psalm 23 anschließen, die Sie im Kapitel PSALMVARIATIONEN finden.

Tipp: Der Psalmtext wird von der gesamten Trauergemeinde gemeinsam oder im Wechsel gelesen. Er muss dazu allen als Kopie vorliegen.

GUTE WÜNSCHE

Trauernde können mit „guten Wünschen" oder einem Segensgebet Abschied nehmen. Man spricht die Wünsche dem Sarg bzw. der Urne zugewandt und doch laut, für alle hörbar. Findet die Trauer- bzw. Gedenkfeier ohne Sarg oder Urne statt, kann man die Wünsche zu einem Bild des Verstorbenen sprechen. Blätter mit „guten Wünschen" können abgelegt bzw. später ins offene Grab geworfen werden.

Engel für die Ewigkeit

„Wir wissen nicht, wie die Ewigkeit ist,
doch wie du sie dir erträumst, so sei sie dir,
das wünschen wir.

Da sei die Sonne am frühen Morgen,
da seien Sterne in tiefer Nacht,
da seien Berge, sie zu erklimmen,
und ein Engel halte Wacht.

Da sei der Blick übers weite Meer,
der warme Regen tue dir gut,
da seien auch Sturm und tosende Wogen,
aber ein Engel mache dir Mut.

Da sei das Leuchten des Regenbogens,
da sei das Wandern übers weite Land,
da sei das freundliche Winken der Fremden,
und ein Engel halte die Hand.

Wir wissen nicht, wie die Ewigkeit ist,
doch wie du sie dir erträumst, so sei sie dir,
das wünschen wir."

Der/die Pastor*in spricht jetzt oder am Grab: „Gott behüte deinen Ausgang und deinen Eingang von nun an bis in alle Ewigkeit. Amen."

Was Gott dir versprach

„Gott versprach,
dich zu begleiten, wohin du auch gehst,
dich zu umgeben, wo immer du bist,
dir einen Engel zu schicken,
der dich behütet auf allen Wegen,
dich bei deinem Namen zu rufen, denn du bist sein,
dir die Hand zu reichen, denn er ist dein Tröster,
dir ewigen Frieden zu schenken,
denn er ist Anfang und Ende.

So wünschen wir dir nun,
dass du den Begleiter siehst, wohin dein Weg auch führt,
dass du seine Nähe spürst, wo immer du bist,
dass du den Engel erkennst, den er dir schickt,
dass du deinen Namen hörst, wenn er dich ruft,
dass du seine Hand ergreifen kannst, denn du bist sein Kind,
dass du Frieden findest in alle Ewigkeit.

Wir wünschen dir Gottes reichen Segen!"

Alles Gute zum Abschied

„Alles Gute wünschen wir dir zum Abschied.
Alles Gute – was kann das sein in der Welt,
in die du nun gehst?

Wir wissen nicht, was du dort brauchst.
Doch unsere Liebe geben wir dir mit,
unsere guten Gedanken, unsere Erinnerungen,
unser Verzeihen, unser Hoffen und Sehnen,
unsere Tränen auch, unser Lachen und unseren Dank.

Alles Gute von uns geben wir dir gern,
und alles Gute von Gott wünschen wir dir dazu,
seinen Trost, sein Erbarmen, seine Vergebung,

seinen Schutz, seine Gnade und seine Kraft,
dass er dir grenzenlosen Frieden schenke,
innige Geborgenheit, ewige Heimat,
seine bedingungslose Liebe.

Unsere Wünsche packen wir dir ins Gepäck,
und Gott gibt seinen Segen dazu.
So kann deine Reise gelingen.
Auf Wiedersehen."

Der/die Leiter*in der Feier kann eine Segensformel anschließen.

Gott öffne dir die Tür
„Gott öffne dir die Tür und lade dich ein.
Er breite seine Arme aus und rufe:
'Komm wieder, Menschenkind!'
Er rufe dich beim Namen, dass du dich zu Hause fühlst.
Er umarme dich und schenke dir ewige Geborgenheit.
Er reiche dir die Hand und vergebe dir alle Schuld.
Er führe dich in das Land des ewigen Friedens."

Pfarrer*in: „So segne und behüte dich der allmächtige und barmherzige Gott. Er segne deinen Ausgang und deinen Eingang von nun an bis in alle Ewigkeit. Amen."

GEBETE

Persönliche Gebete vor der Trauerfeier

„Großer Gott,
mitten in mein Leben hat sich der Tod gemischt.
Schau du auf meine Einsamkeit,
empfinde du mit mir den Schmerz,
verstehe meine Trauer, höre meine Klage,
empfange du meine Fragen.

Trage du meinen Dank
und meine Liebe hinüber
über die Grenze von Leben und Tod.
Wer könnte das besser als du,
der du das Leben bist und der Tod,
die Zeit und die Ewigkeit. Amen."

„Gütiger Gott,
verzweifelt bin ich;
gib du Hoffnung in meine Dunkelheit.
Ich bin erschüttert von Unsicherheit;
schenke du Glauben in meinen Zweifel.
Ich fühle mich verloren;
schenke du deine Liebe in meine Einsamkeit.
Mit Hoffnung und Glaube, von dir geschenkt,
kann ich die Zukunft bestehen.
Mit deiner Liebe siegt das Leben über den Tod. Amen."

„Großer Gott,
Trauer erdrückt mich schier,
Schmerz quält meine Seele,
Fragen bohren in meinem Verstand.
Hilf du mir.
Ich erwarte nicht,
dass du die Trauer von mir nimmst.
Doch wenn du mir nahe bist, fühle ich mich geborgen.
Du wirst mich nicht vom Abschiedsschmerz befreien,
doch weil du mitleidest, kann ich ihn ertragen.
Ich erwarte nicht,
dass du meine Fragen beantwortest;
doch weil du sie anhörst,
brauche ich sie mir nicht immer wieder stellen.
Verbinde du mich mit allen, die mit mir trauern,
und mit dem Menschen, um den wir trauern.
Sei du mir nahe, Allmächtiger! Amen."

„Allmächtiger Gott,
ich weiß, ich muss loslassen, doch ich will festhalten.
Ich bitte dich: Hilf du mir, Hand und Herz zu öffnen,
dass ich Abschied nehmen kann.
Die Zeit schreitet unaufhaltsam vorwärts,
wo ich doch so an der Vergangenheit hänge.
Stärke du meine Schritte,
dass ich die Zukunft bestehen kann.
Trauer, Schmerz und Unsicherheit sind in mir,
wo ich mich so nach ungetrübter Geborgenheit sehne.
Halte mich fest, damit ich erkenne,
dass Liebe immer stärker ist als alles Bedrückende. Amen.“

Stille Gebete in der Kirche oder Trauerhalle

„Lieber Gott,
lange war ich dir nicht so nah wie heute.
Normalerweise gehe ich meine Wege,
ohne mich an dich zu wenden;
doch nun hat mich die Trauer in deine Nähe gebracht.
Ich bitte dich, lass mich deine Liebe spüren,
trage mich durch den Abschied und darüber hinaus.
Amen.“

„Treuer Gott,
hier bin ich, um Abschied zu nehmen,
um dem geliebten Menschen noch einmal
'Auf Wiedersehen' zuzurufen.
Unruhig ist mein Geist,
kraftlos ist mein Körper.
Trauer umklammert mein Herz.
Stärke du mich,
erfülle mich mit deinem Geist der Liebe.
Ich hoffe auf dich, denn ich weiß,
du hast mich nicht vergessen. Amen.“

Gemeinsame Gebete zu Beginn der Trauerfeier

„**Großer Gott,**
der Tod hat uns erschüttert,
er hat unsere Seele zerrissen.
Ziellos ist unser Leben geworden,
trostlos unsere Tage.
Wir wissen nicht, was wir sagen sollen;
unsere Gedanken sind leer,
unser Schmerz beherrscht Herz und Sinne.
Den lieben Menschen, der uns verlassen musste,
geben wir in deine Hände,
und mit ihm vertrauen wir uns dir an.
Umarme du ihn und uns,
sei du Hoffnung und neues Leben
dort im Jenseits und hier im Diesseits. Amen."

„**Trauer und Schmerz ist in uns, großer Gott.**
… ist von uns gegangen.
Uns bleibt nur, ihm/ihr nachzublicken.
Uns bleibt auch der Trost,
dass du sicher dort in der Ferne bist,
um ihn/sie zu empfangen.
Sei du nun bei ihm/ihr und bei uns,
denn wir brauchen Kraft, dort und hier.
Trage unsere Gedanken,
unsere Worte und unsere Liebe
über die Grenze von Leben und Tod,
damit wir uns verabschieden können. Amen."

„**Großer Gott,**
ratlos treten wir vor dein Angesicht,
weil Fragen uns quälen,
die kein Mensch beantworten kann.
Innerlich leer treten wir vor dich,
weil nichts in uns ist als nur Trauer.

Gequält vom Schmerz des Verlustes treten wir vor dich,
weil ein Mensch von uns gegangen ist,
der zu unserem Leben gehörte
wie das Atmen, das Lachen und das Weinen.
Hilflos treten wir vor dich,
denn wir möchten ihm/ihr noch so viel sagen,
doch er/sie kann uns nicht mehr hören.
Darum suchen wir deine Nähe,
großer Gott.
Bei wem wären unsere Fragen
besser aufgehoben als bei dir,
wer könnte unsere Leere besser verstehen als du,
wer könnte unseren Schmerz besser mitempfinden,
wer könnte unsere Gedanken und Worte
besser in die Ewigkeit tragen als du,
allmächtiger Gott?
Wir bitten dich,
sei du nun bei uns. Amen."

**„Allmächtiger Schöpfer,
der Tod hat uns vor dein Angesicht gebracht.**
Lass uns nun deine Nähe spüren.
Du kannst uns den lieben Menschen nicht zurückgeben.
Auch erwarten wir nicht,
dass du unsere Trauer beendest,
nicht, dass du uns Antworten auf unsere Fragen gibst.
Doch wir hoffen,
dass du an unsere Seite kommst und bei uns bleibst.
Sei uns nah,
damit die Fragen uns nicht zermürben,
damit die Trauer uns nicht den Atem nimmt,
damit der Abschied uns nicht ins Leere fallen lässt.
Lass uns einfach deine Nähe erfahren,
du Ursprung, Sinn und Ziel allen Seins.
Halte du uns, großer Gott. Amen."

Dankgebete

„Großer Gott,
wir sagen … auf Wiedersehen.
Unsere Gedanken wandern noch einmal zurück
in die Zeit mit ihm/ihr.
Das Gute, das wir gemeinsam erleben durften,
leuchtet auf.
Wir verweilen einen Augenblick
bei den schönen Erinnerungen. *(kurze Stille)*
Wir bewahren das Gute im Herzen und sagen: Danke!
Danke ihm/ihr für alles Gute,
das wir durch ihn/sie erfahren haben.
Danke sagen wir dir, großer Gott,
für alles, was du ihm/ihr gabst.
Auch Schweres haben wir erlebt und wissen,
dass wir uns gegenseitig
manches schuldig geblieben sind.
Da hätten mehr gute Worte sein können,
mehr gute Taten füreinander.
Wir verzeihen ihm/ihr und bitten dich, großer Gott,
uns zu verzeihen.
In der Stille hören wir dein 'Ich vergebe'. *(kurze Stille)*
Alles hat seine Zeit.
Nun bleiben Dank und Liebe.
So rufen wir: Auf Wiedersehen! Amen.“

„Ewiger, treuer Gott,
du umspannst Vergangenheit, Gegenwart und Zukunft.
Bei dir ist die Heimat all der Menschen,
die waren, die sind und die sein werden.
Bei dir sind auch wir zu Hause,
die wir von Trauer schier erdrückt werden,
wir, die wir nun loslassen müssen,
wir, die wir nur ohnmächtig nachblicken können.
Bei dir sind auch die zu Hause, die uns verlassen.

So sind wir jetzt zwar getrennt von ihm/ihr,
der/die nun geht, und doch mit ihm/ihr verbunden
in diesem gemeinsamen Zuhause, das so viele Räume hat.
Es tröstet uns, dass er/sie durch dich unsere Trauer,
unseren Dank und unsere Liebe spüren kann.
Es tut gut zu wissen, dass er/sie dankbar
auf uns zurückblicken kann durch dich. Dir danken wir,
dass wir in deinem Haus bleiben dürfen für alle Zeit.
Amen."

Gebete zum Abschluss der Trauerfeier und am Grab

„Allmächtiger Gott,
du bist Vergangenheit, Gegenwart und Zukunft.
In deine Arme haben wir nun … gelegt.
Wir können nichts mehr für ihn/sie tun.
Uns bleibt nur die Hoffnung, dass du für ihn/sie da bist,
dass du deine Arme weit öffnest und rufst:
'Komm wieder, Menschenkind!' Amen."

„Barmherziger Gott,
der du uns verbindest
über die alle Grenzen hinweg und durch die Zeit.
Wir wissen nicht, was nach dem Leben kommt,
doch uns bleibt die Liebe, die das Band nicht reißen lässt,
das uns zusammenhält über Grenzen, durch die Zeit,
wo immer und wie immer wir auch sind. Amen."

„Allmächtiger Gott,
der du Schöpferkraft bist, wahrer Mensch, guter Geist,
wir gehen unseren Lebensweg weiter
in eine Zukunft, die wir nicht kennen.
Uns bleibt die Hoffnung, dass du uns begleitest,
neue Wege zeigst, uns anstößt, wenn wir müde werden,
doch auch trägst, wenn wir nicht mehr weiterkönnen.
Amen."

FÜRBITTEN

Stellen Sie „Ihr" Fürbittengebet zusammen und wählen aus den vielen Gebetsanliegen diejenigen aus, die zu Ihrer Trauersituation passen. Alle Vorschläge sind für eine weibliche Person formuliert; für einen männlichen Verstorbenen ändern Sie dies entsprechend.

Da in den Fürbitten die Bitten der Trauernden ausgesprochen werden, ist es sinnvoll, dass Hinterbliebene die Gebetsanliegen mit auswählen und das Gebet im Wechsel mit dem/der Pfarrer*in vortragen.

Die Trauergemeinde kann ins Fürbittengebet einbezogen werden, indem sie zwischen den Bitten je einen Satz spricht oder singt. Ein bekannter Gebetsruf ist: „Herr, erbarme dich!" – „Kyrie eleison!"

Dank

Das Fürbittengebet kann mit Dank an Gott und die Verstorbene eingeleitet werden. Falls vorher ein gesondertes Dankgebet gesprochen wurde, kann der Dank hier entfallen.

„Großer Gott, wir danken dir:

- für alle Liebe, mit der du sie durchs Leben begleitet hast.
- für alles Schöne und Traurige, das wir miteinander erlebten.
- dass du sie auf dem Lebensweg begleitet hast.
- dass du sie einst in diese Welt schicktest.
- für das Leben, dass du ihr schenktest.
- für diesen Menschen, der uns so nahe und so kostbar war.
- dass du sie uns geschenkt hast.
- für dieses kurze, aber intensive Leben.
- dass du sie durch dieses lange Leben begleitet hast.
- dass du sie nach diesem erfüllten Lebensweg bei dir aufnimmst.
- für diesen Lebensweg mit allen Höhen und Tiefen.
- dass du sie nach so viel Leid und Schmerz in deine Arme schließt.
- dass du ihr so viel Kraft und Geduld schenktest.

In deinem Angesicht, allmächtiger Gott,
danken wir auch unserer lieben Verstorbenen:

– für alle Liebe, die von ihr ausging.
– für alle liebevollen Worte und guten Taten, die sie schenkte.
– für alle Sorge und Mühe, mit der sie bei uns war.
– für alles, was sie uns schenkte.
– für alles, was sie uns mit auf den Lebensweg gab."

Gebetsanliegen für die verstorbene Person
„Allmächtiger Schöpfer, du hast sie in diese Welt geschickt und
begleitest sie nun weiter. Hilflos bleiben wir zurück, blicken ihr
nach und beten für sie. Wir bitten dich:

– Gib du ihr nun die Zukunft, die sie auf der Erde nicht mehr fand.
– Schenk ihr ein neues Zuhause in deiner Ewigkeit.
– Bereite ihr jenseits des Regenbogens ein neues Heim.
– Nimm sie liebevoll in deiner Ewigkeit auf.
– Zeige ihr, dass ihr Glaube nicht vergebens war.
– Öffne deine Arme und ruf ihr zu: 'Komm wieder, Menschenkind!'
– Empfange sie in Liebe und rufe ihr zu: 'Willkommen daheim!'
– Lass sie in deiner Hand geborgen sein.
– Lass sie dein Licht sehen.
– Heile du ihren Schmerz.
– Lass sie bei dir ihr Leiden vergessen.
– Begleite sie durch den Tod hindurch in deine Ewigkeit.
– Trage sie nun weiter in eine ewige Heimat.

Wir bitten für sie, guter Gott:

– Lass sie wissen, dass nicht alles vorbei ist, was ihr wichtig war.
– Lass sie wissen, dass all ihre Mühen nicht umsonst waren.
– Lass nichts von diesem Leben verloren gehen.
– Vollende du, wozu sie keine Kraft mehr fand.
– Lass sie unseren Dank und unsere Liebe auch jetzt spüren.

- Lass sie wissen, dass wir sie nicht vergessen.
- Lass sie wissen, dass sie einen unvergänglichen Platz
  in unseren Herzen hat.
- Mache es ihr nun leicht, bei dir Ruhe zu finden.

Gnädiger Gott, wir bitten dich:

- Schenk ihr nun deinen Frieden, nach allem, was sie erleiden musste.
- Führe sie auf ebener Straße in ihre ewige Heimat, nach dem harten Weg, den sie in den letzten Wochen/Monaten gehen musste.
- Schenke ihr nun die Freude, die sie verdient hat, und gib ihr neue Hoffnung nach all den Tränen, die sie mit uns weinen musste.
- dass alles, was sie gab und ihr wichtig war, wie ein Samen aufgeht, wächst und gute Früchte trägt.
- Wenn es etwas zu vergeben gibt, so vergib ihr alle Schuld.
- Wenn sie jemandem liebe Worte und gute Taten schuldig blieb, so vergib ihr, wie auch wir ihr vergeben.
- Schenke uns einst ein Wiedersehen in deiner Ewigkeit."

Bitten für Pflegerinnen, Betreuerinnen, Ärztinnen
Bleiben Sie diesbezüglich im Gebet mit Ihrem Dank allgemein, sodass alle Trauergäste in Gedanken mitsprechen können. Nennen Sie keine Namen. Möchten Sie einzelne Personen besonders hervorheben, tun Sie es in einigen Sätzen des persönlichen Dankes im Rahmen einer kleinen Ansprache bzw. vor oder nach den Fürbitten.

„Liebender Gott,

- wir denken auch an die Menschen, die unsere Verstorbene begleiteten, umsorgten und pflegten.
- wir danken denen, die für sie da waren; so konnte sie jederzeit spüren, dass sie nicht allein ist.
- gib all denen Kraft, die kranke und sterbende Menschen pflegen.
- sei du mit deiner Liebe bei denen, die den Sterbenden nahe sind.
- sei mit deiner Kraft bei Ärzten, Pflegern, Seelsorgern."

Fürbitten für die trauernden Hinterbliebenen
„Großer Gott, wir beten für die Menschen,

- die um die Verstorbene trauern.
- die ihr nur noch hilflos nachblicken können.
- deren Herz schwer ist.
- die erdrückt sind von Trauer.
- die nun loslassen müssen, was sie nicht halten können.

Gott der Lebenden und der Toten, der du mit uns leidest.
Wir beten für uns, die wir trauern.
Du kannst die Trauer nicht wegnehmen; doch wir bitten dich:

- Schenke uns einst ein Wiedersehen in deiner Ewigkeit.
- Begleite uns in unserer Trauer.
- Sei bei uns in unserem Schmerz.
- Tröste uns in unserer Verlorenheit.
- Gib uns Kraft in unserer Hilflosigkeit.
- Sei uns in unserer Trauer nahe.
- Lass uns trauern, wie unser Herz es uns befiehlt.
- Gib unserer Trauer Raum.
- Trockne unsere Tränen.
- Behüte auch unsere Trauer, dass sie Zeit hat zu reifen,
  bis liebevolle Erinnerung und Dank bleiben.
- Hilf uns, loszulassen, was wir nicht halten können.
- Schenke uns die Gewissheit, dass das Leben hier wie dort
  in deiner Hand geborgen ist.
- Gib uns Kraft, unseren Weg weiterzugehen.
- Lass uns neu aufatmen und neue Hoffnung schöpfen.
- Gib uns Kraft für die nächsten Schritte.
- Stütze uns, wenn der Weg schwer wird,
  und trage uns, wenn wir nicht weiter können.
- Lass uns nach dem Weg durch die Dunkelheit neues Licht erkennen.
- Lass uns in Stunden tiefster Not nicht immer wieder nach dem Sinn
  des Schmerzes fragen, sondern schenk uns heilendes Vertrauen.

Ewiger Gott,

- deine Wege sind uns oft unbebreiflich;
  so gib nun auch Kraft zu ertragen, was du zumutest.
- lass die Liebe in der Trauer stärker sein als die Verzweiflung.
- hilf, dass unsere Herzen vor Gram nicht erhärten.
- gib, dass wir trotz allem Unbegreiflichen deine Liebe spüren.
- breite deine Gnade aus wie eine Decke, damit die Trauer nicht
  zu sehr kühlt.
- lass deine Sonne wieder scheinen ins Leben hier und dort.
- lass in der Trauer den Dank und die Liebe nicht untergehen.
- lass uns Hilfe bei dir suchen und finden.
- hilf uns, unsere Trauer und auch Freude in deine Hand zu legen.

Allmächtiger, schau alles an, was uns jetzt bewegt:

- unsere Traurigkeit, unseren Schmerz.
- unser Leid, unsere Hilflosigkeit, Verlorenheit.
- unsere Sprachlosigkeit, unser Unverständnis, unsere Ratlosigkeit.

Doch sieh auch unseren Dank und unsere Liebe.
Vergib uns, gütiger Gott,

- wenn unsere Liebe nicht stark genug war.
- wenn uns Worte fehlten, als wir etwas hätten sagen sollen.
- wenn wir gefehlt haben, als man uns brauchte.
- wenn wir nicht da waren, als man uns ersehnte.
- was wir versäumt haben, ihr Gutes zu sagen und zu tun.
- was wir ihr an guten Worten und Taten schuldig blieben."

Für die Lebenden und ihr zukünftiges Leben
„Wir beten für uns selbst, lass uns wissen,

- dass auch unser Leben ein Ende haben wird.
- dass das Leben ein Geschenk aus deiner Hand ist.
- dass wir das Leben nicht in der Hand haben.
- dass wir nicht Herren des Lebens sind.

– dass du uns durch das Leben schickst und zurückrufen wirst.
– dass du das Leben liebst.

Damit wir unser Leben nicht unbedacht leben,
– wir unser Leben nicht dahinrauschen lassen wie leeres Geschwätz.
– wir das Leben als Geschenk dankbar annehmen und achten.
– wir stets wissen, wie kostbar und schützenswert alles Leben ist.
– wir nicht vergessen, dass Leben empfindlich und zerbrechlich ist.
– wir nicht vergessen, dir stets dafür zu danken.
– wir aufschreien und uns einsetzen, wo Leben bedroht wird.

Gott, du Begleiter des Lebens, begleite uns auf unseren Wegen;
– schicke uns durch unsere Aufgaben.
– wenn wir selbst nicht mehr weiterkönnen, trage uns, wenn nötig.
– sei bei uns, wenn uns einst die Lebenskraft verlässt.
– lass auch uns einmal in Frieden zu dir heimgehen.
– lass auch uns einmal bei dir eine ewige Heimat finden."

Allgemeine Fürbitten für Leidende, Sterbende und Tote
„Allmächtiger Gott, der du mit den Menschen leidest.
Wir bitten dich, sei mit deiner Liebe und deinem Trost bei:

– denen, die einen Menschen verloren haben.
– denen, die einsam diese Welt verlassen müssen.
– denen, die einsam und vergessen sind.
– den Menschen, die dem Tod in die Augen sehen müssen.
– den Menschen, deren Leben sich zum Ende neigt.
– denen, die keine Hoffnung mehr in ihrem Leben sehen.
– den Opfern von Terror, Gewalt und Krieg.

Gütiger Gott, bei dem kein Mensch verloren geht.
Wir bitten dich, bewahre unsere Verstorbenen weiterhin.
– Halte alle, die von uns gingen, geborgen in deiner Hand.
– Sei weiter bei denen, die uns vorangingen in deine Ewigkeit.
– Halte uns weiterhin in Liebe und Dankbarkeit verbunden mit den
  Menschen, die in der Vergangenheit schon von uns gingen."

AUSSEGNUNGSTEXTE

Gut ist, wenn diese Abschiedstexte von verschiedenen Personen oder Personengruppen im Wechsel gelesen werden.

Wir lassen dich los

„So geh du nun, wir lassen dich los.
Mögest du den Weg nicht aus den Augen verlieren.
So geh du nun, wir blicken dir nach.
Mögest du stets das Licht am Horizont sehen.
So geh du nun, wir sind bei dir.
Mögest du hören, dass jemand dich ruft.
So geh du nun, unsere Liebe verlässt dich nicht.
Mögest du spüren, dass du nicht allein bist.
So geh du nun, unsere Wünsche begleiten dich.
Mögest du wissen, dass jemand dich empfängt.
So geh du nun, unsere Hoffnung umgibt dich.
Mögest du erkennen, das neue Land ist ewige Heimat.
So geh du nun, wir lassen dich los."

Engel werden dich empfangen

„Ein Engel wird dich in die ewige Heimat geleiten,
dir vorangehen, um dir den Weg zu zeigen,
dich stützen, wenn du schwach bist,
dich tragen, wenn deine Kraft versiegt.
So wirst du dein Ziel erreichen.
Es werden Chöre der Engel dich empfangen,
ihr Gesang wird dich trösten,
ihre Hymnen werden dich erwecken zu ewigem Leben.
Der Himmel wird erschallen vor Lobgesang,
du wirst willkommen sein.
Der Allmächtige wird sich dir zuwenden,
seine Arme weit ausbreiten, dich beim Namen nennen,
dir zurufen: 'Komm wieder, Menschenkind!'
Du wirst für ewig daheim sein."

Engel werden dich empfangen *(Kurzform)*
„In die ewige Heimat mögen Engel dich geleiten,
die Chöre der Engel mögen dich empfangen,
und Gott möge seine Arme weit ausbreiten,
dich beim Namen nennen und dir zurufen:
'Komm wieder, Menschenkind!'"

Gott ist bei dir *(nach einem irischen Reisesegen)*
„Du gehst nun einen Weg,
den keiner von uns kennt.
Auch du weißt nicht,
wohin der Weg dich führt.
Das Ziel ist unbekannt,
doch du bist nicht allein.

Gott wird stets vor dir sein,
um dir den Weg zu zeigen,
wenn du ihn aus den Augen verlierst.
So wirst du nicht in die Irre gehen.

Gott wird an deiner Seite sein,
um dich zu stützen,
wenn dir der Weg zu schwer wird.
So wirst du nicht fallen.

Gott wird hinter dir sein,
um dich zu bewahren,
wenn dir Gefahr droht.
So wirst du vor Bösem sicher sein.

Gott wird unter dir sein,
um dich zu tragen,
wenn deine Kraft versiegt.
So wirst du dein Ziel erreichen.

Angekommen in der Ewigkeit,
wird Gott stets über dir sein,
um dich zu segnen.
Täglich wirst du seine Nähe spüren.
So wirst du in Frieden leben.

(Der Herr segne deinen Ausgang
und deinen Eingang von nun an
bis in alle Ewigkeit.) Amen."

Der Mantel der Liebe
(Irischer Reisesegen, der Trauersituation angepasst)
„Mögen die Regentropfen sanft auf dein Haupt fallen.
Möge der weiche Wind deinen Geist beleben.
Möge der sanfte Sonnenschein dein Herz erleuchten.
Mögen die Lasten der Vergangenheit leicht auf dir liegen.
Mögen die Freuden der Vergangenheit dich beflügeln.
Möge Gott dich hüllen in den Mantel seiner Liebe."

SENDUNGSTEXTE – SCHLUSSSEGEN

Die biblischen Segensformeln können entfaltet werden. Das bedeutet, dass man sie mit zusätzlichen Worten erweitert. Diese Texteinschübe bewirken, dass der Segen nicht so schnell vorbeirauscht und man bei den einzelnen Aussagen verweilen kann. Die Texteinschübe sollten von einer zweiten Person gelesen werden.

Der Trinitarische Segen – entfaltet
„Es segne dich,
    mit allem Guten für deine Seele, deinen Geist und deinen Leib,
und behüte dich,
    damit du geborgen bist in allem Neuen, das auf dich zukommt,
der allmächtige Gott,
    der dich in diese Welt schickte und dir viel zumutete,

der barmherzige Gott,
>   der dich stets trägt, wenn deine Kräfte versagen,

der Vater,
>   der immer schon war, der Ursprung allen Seins,

der Sohn,
>   der Mensch wurde, um dir nahe zu sein,

der Heilige Geist,
>   der als gute Kraft bei dir war, ist und immer sein wird."

Der Aaronitische Segen – entfaltet

„Der allmächtige Gott,
>   der dich in diese Welt schickte und am Ziel stehen wird,
>   um dich zu empfangen,

segne dich,
>   dass du auf deinen Wegen seine Kraft und Liebe spürst.

Er behüte dich,
>   dass seine Engel dich schützend umgeben in jeder Gefahr.

Er lasse sein Angesicht leuchten über dir,
>   dass sein Licht in deine Dunkelheit scheint.

Und er sei dir gnädig,
>   dass du jeden Tag neu beginnen kannst
>   und Vergangenes dich nicht erdrückt.

Er erhebe sein Angesicht auf dich,
>   um deinen Schmerz zu teilen und das Leid mit dir zu tragen.

Er schenke dir seinen Frieden,
>   dass du trauern kannst in seinen Armen,
>   dass sein Trost dich stärke, damit dein Blick sich weite
>   und dein Fuß einen Weg finde, der dich in die Zukunft führt.

So gehe unter Gottes reichem Segen. Amen."

Trauernde segnen

„So geh nun getrost und fürchte dich nicht!
Die Trauer wird dein Begleiter sein, doch nimm sie an.
Vertreiben lässt sie sich nicht, gib ihr Raum.

Wecken wird sie dich am frühen Morgen,
erschrick dich nicht.
Sie begleitet dich durch den Tag,
lass sie an deiner Seite sein.
Sie geht mit dir in den Abend,
lässt selbst im Schlaf dich nicht allein.
Trauer wird dich bedrücken,
sie wird dich schütteln,
manchmal würgen,
doch streicheln auch,
tragen, wenn du ganz unten bist,
auffangen, damit du nicht den Halt verlierst.

Sag ihr nicht,
wann sie verschwinden soll,
sie weiß es selbst
besser als du
und all die anderen,
die sie vertreiben woll'n.

Erst ist sie ständig da,
dann gibt sie Raum
und lässt dir Zeit.
Ganz geht sie nie.
Ein Leben lang wird sie
in deiner Nähe sein
und immer wieder mal
schaut sie herein.

Nimm sie als Ausdruck deiner Liebe,
als Engel, der dir Nachricht bringt,
als Dankesruf durch Raum und Zeit,
als Zeichen aus der Ewigkeit.

So geh nun
und fürchte dich nicht!"

DIE BELIEBTESTEN
TRAUERÜBERSCHRIFTEN

Wir haben über einen längeren Zeitraum verschiedene Tageszeitungen gesichtet und nichtbiblische Sprüche gesammelt, die über Traueranzeigen standen. Wir haben gezählt, wie häufig ein Spruch Verwendung fand. So entstand diese Rangliste der „beliebtesten" Trauersprüche, beginnend mit den am häufigsten verwendeten.

Viele der Zitate sind überliefert, ohne dass ein Autor bekannt ist. Sofern es einen Urheber gibt, ist er in Klammern genannt. Bei der Verwendung eines solchen Spruches sollten Sie den Verfasser ebenfalls angeben.

„ Und immer sind da Spuren deines Lebens, Gedanken, Bilder und Augenblicke. Sie werden uns an dich erinnern, uns glücklich und traurig machen und dich nie vergessen lassen."

„ Auferstehung ist unser Glaube, Wiedersehen unsere Hoffnung, Gedenken unsere Liebe." (Augustinus)

„ Von guten Mächten wunderbar geborgen, erwarten wir getrost, was kommen mag. Gott ist mit uns am Abend und am Morgen und ganz gewiss an jedem neuen Tag." (Dietrich Bonhoeffer)

„ Einschlafen dürfen, wenn man müde ist, und eine Last fallen lassen, die man sehr lange getragen hat, das ist eine wunderbare Sache." (Hermann Hesse)

„ Als Gott sah, dass der Weg zu lang, der Hügel zu steil, das Atmen zu schwer wurde, legte er seinen Arm um dich und sprach: 'Komm heim!'"

„ Wenn ihr an mich denkt, seid nicht traurig. Erzählt lieber von mir und traut euch zu lachen. Lasst mir einen Platz zwischen euch, so wie ich ihn im Leben hatte."

„ Du bist nicht mehr da, wo du warst – aber du bist überall, wo wir sind." (Victor Hugo)

„ Du hast viele Spuren der Liebe und Fürsorge hinterlassen, und die Erinnerung an alles Schöne mit dir wird stets in uns lebendig sein."

„ Mit dem Tod eines geliebten Menschen verliert man vieles, niemals aber die gemeinsam verbrachte Zeit."

„ Wenn ihr mich sucht, sucht mich in euren Herzen. Habe ich dort eine bleibende Heimat gefunden, so lebe ich in euch gerne weiter."

„ Das einzig Wichtige im Leben sind Spuren von Liebe, die wir hinterlassen, wenn wir ungefragt weggehen und Abschied nehmen müssen." (Albert Schweitzer)

„ Es gibt nichts, was uns die Anwesenheit eines lieben Menschen ersetzen kann. Je schöner und voller die Erinnerung, desto härter die Trennung. Aber die Dankbarkeit schenkt in der Trauer eine stille Freude." (Dietrich Bonhoeffer)

„ Ich bin von euch gegangen, nur für einen kurzen Augenblick und gar nicht weit. Wenn ihr dahin kommt, wo ich jetzt bin, werdet ihr euch fragen, warum ihr geweint habt." (Lao Tse)

„ Ich sterbe, aber meine Liebe zu euch stirbt nicht. Ich werde euch vom Himmel aus lieben, wie ich euch auf Erden geliebt habe."

„ Je schöner und voller die Erinnerung, desto schwerer die Trennung. Aber die Dankbarkeit verwandelt die Erinnerung in eine stille Freude. Man trägt das vergangene Schöne wie ein Geschenk in sich." (Dietrich Bonhoeffer)

„ Es weht der Wind ein Blatt vom Baum, von vielen Blättern eines. Das eine Blatt, man merkt es kaum, denn eines ist ja keines. Doch dieses eine Blatt allein war Teil von unserem Leben. Drum wird dies eine Blatt allein uns immer wieder fehlen."

„ Für dich gab's keine Heilung bei deinem schweren Leiden. Du warst geduldig bis zuletzt, im Leben so bescheiden. Wie schmerzlich war's, vor dir zu stehen und deinem Leiden hilflos zuzusehen."

„ Immer, wenn wir von dir erzählen, fallen Sonnenstrahlen in unsere Seelen. Unsere Herzen halten dich umfangen, so, als wärst du nie gegangen. Was uns bleibt, ist Liebe und Erinnerung."

„ Von dem Menschen, den du geliebt hast, wird etwas in deinem Herzen zurückbleiben – etwas von seinen Träumen, etwas von seinen Hoffnungen, etwas von seinem Leben, alles von seiner Liebe."

„ Das Schönste, was ein Mensch hinterlassen kann, ist ein Lächeln im Gesicht derjenigen, die an ihn denken."

„ Der Tod ist das Tor zum Licht am Ende eines mühsam gewordenen
Weges." (Franz von Assisi)

„ Vielleicht bedeutet Liebe auch lernen, jemanden gehen zu lassen,
wissen, wann es Abschied nehmen heißt. Nicht zulassen, dass unsere Gefühle dem im Wege stehen, was am Ende wahrscheinlich
besser ist für die, die wir lieben."

„ Weint nicht, dass ich von euch gehe; seid dankbar, dass ich so lange
bei euch war."

„ Gegangen bist du aus unserer Mitte, nicht aus unseren Herzen."

„ Menschen, die man liebt, sind wie Sterne. Sie funkeln und leuchten noch lange nach ihrem Erlöschen."

Spruch über der Todesanzeige des Partners

„ Glücklich sind wir zwei gegangen, immer im gleichen Schritt. Was
einer vom Schicksal hat empfangen, der andere empfing es mit.
Ja, das war ein sicheres Wandern, auch wenn mal der Sturm ge-
tobt. Einer war die Kraft des andern, einer war des andern Trost."

Abschied von der Mutter

„ Nun ruhen deine fleißgen Hände, für jeden immer hilfsbereit. Du
konntest bessere Tage haben, doch dafür nahmst du dir nie Zeit.
Nun ruhe sanft und schlaf in Frieden.
Hab tausend Dank für deine Müh.
Wenn du auch bist von uns geschieden,
in unseren Herzen stirbst du nie."

„ Ein Mutterherz! Nur wer es kennt, wer recht von Grund es kennt,
der weiß, was man verliert an ihm, weiß, was kein Schmerz benennt."

„ Mütter sterben nicht; Mütter gleichen alten Bäumen.
In uns leben sie und in unsren Träumen.
Wie ein Stein den Wasserspiegel bricht,
zieht ihr Leben in unserem Kreise.
Mütter sterben nicht; Mütter leben fort auf ihre Weise."

„ Gott gab uns unsere Mutter als reichliches Glück;
heute legen wir sie still in seine Hand zurück."